Tanja Haase

Bergedorfer® Morgenkreis-Geschichten

50 kleine Streitgeschichten

Anregende Texte zum Vorlesen und Weiterarbeiten

2./3. Klasse

Die Autorin

Tanja Haase – Jahrgang 1967, ist Autorin, Regisseurin, Schauspielerin und Theaterpädagogin. Beim Persen Verlag sind von Tanja Haase zahlreiche Bücher mit Theaterstücken, Erzählungen und Gedichten erschienen.

2. Auflage 2023
© 2014 PERSEN Verlag, Hamburg

AAP Lehrerwelt GmbH
Veritaskai 3
21079 Hamburg
Telefon: +49 (0) 40325083-040
E-Mail: info@lehrerwelt.de
Geschäftsführung: Christian Glaser
USt-ID: DE 173 77 61 42
Register: AG Hamburg HRB/126335
Alle Rechte vorbehalten.

Das Werk als Ganzes sowie in seinen Teilen unterliegt dem deutschen Urheberrecht. Die Erwerbenden einer Einzellizenz des Werkes sind berechtigt, das Werk als Ganzes oder in seinen Teilen für den eigenen Gebrauch und den Einsatz im eigenen Präsenz- wie auch dem Distanzunterricht zu nutzen. Produkte, die aufgrund ihres Bestimmungszweckes zur Vervielfältigung und Weitergabe zu Unterrichtszwecken gedacht sind (insbesondere Kopiervorlagen und Arbeitsblätter), dürfen zu Unterrichtszwecken vervielfältigt und weitergegeben werden.

Die Nutzung ist nur für den genannten Zweck gestattet, nicht jedoch für einen schulweiten Einsatz und Gebrauch, für die Weiterleitung an Dritte einschließlich weiterer Lehrkräfte, für die Veröffentlichung im Internet oder in (Schul-)Intranets oder einen weiteren kommerziellen Gebrauch.
Mit dem Kauf einer Schullizenz ist die Schule berechtigt, die Inhalte durch alle Lehrkräfte des Kollegiums der erwerbenden Schule sowie durch die Schülerinnen und Schüler der Schule und deren Eltern zu nutzen.

Nicht erlaubt ist die Weiterleitung der Inhalte an Lehrkräfte, Schülerinnen und Schüler, Eltern, andere Personen, soziale Netzwerke, Downloaddienste oder Ähnliches außerhalb der eigenen Schule.
Eine über den genannten Zweck hinausgehende Nutzung bedarf in jedem Fall der vorherigen schriftlichen Zustimmung des Verlags.
Sind Internetadressen in diesem Werk angegeben, wurden diese vom Verlag sorgfältig geprüft. Da wir auf die externen Seiten weder inhaltliche noch gestalterische Einflussmöglichkeiten haben, können wir nicht garantieren, dass die Inhalte zu einem späteren Zeitpunkt noch dieselben sind wie zum Zeitpunkt der Drucklegung. Der PERSEN Verlag übernimmt deshalb keine Gewähr für die Aktualität und den Inhalt dieser Internetseiten oder solcher, die mit ihnen verlinkt sind, und schließt jegliche Haftung aus.

Wir verwenden in unseren Werken eine genderneutrale Sprache. Wenn keine neutrale Formulierung möglich ist, nennen wir die weibliche und die männliche Form. In Fällen, in denen wir aufgrund einer besseren Lesbarkeit nur ein Geschlecht nennen können, achten wir darauf, den unterschiedlichen Geschlechtsidentitäten gleichermaßen gerecht zu werden.

Autorschaft:	Tanja Haase
Covergestaltung:	TSA&B Werbeagentur GmbH, Hamburg
Illustrationen:	Nataly Meenen
Satz:	Satzpunkt Ursula Ewert GmbH, Bayreuth
Druck und Bindung:	Esser printSolutions GmbH, Bretten
ISBN:	978-3-403-23393-0
www.persen.de	

Inhaltsverzeichnis

Streit gehört dazu
1. Wir denken immer gleich und streiten nie 5
2. Lieber nicht streiten 8
3. Streit aus Leidenschaft 10
4. Ich streite nicht, ich sage nur meine Meinung 14
5. Ein Haustier – ja oder nein? 16
6. Gewinner oder Verlierer? 19
7. Immer Ärger mit den Mädchen, immer Ärger mit den Jungs. . . 22
8. Deine Katze ist einfach nur doof 25

Kleiner Streit
9. Dicki und Schlabber. 29
10. Die darf viel länger aufbleiben als ich 32
11. Oskar fällt auf. 35
12. Ich habe viel Geld. 37
13. Ich gewinne für uns 39
14. Davon verstehst du noch nichts! 42

Ein Streit eskaliert
15. Der hat angefangen!. 45
16. Blödmann! – Wie bitte? – Blödmann!. 47
17. Hier kommt keiner mehr rein!. 50
18. Udo! Udo! Udo! 54
19. Mutschka, immer muss der Jonny mich ärgern! 57
20. Das grüne Entlein ist dreckig 59
21. Halt du dich da raus! 61
22. Der macht noch in die Hose! 64
23. Die nächste Arbeit schreibst du schlechter als ich, sonst 67
24. Lass uns jetzt aufhören, das tut weh! – Ne!. 69
25. Der hat gesagt: Du hast meinen Füller kaputt macht 71
26. Und noch einen draufsetzen 74
27. Ich fühle mich bedroht 77

Streiten und vertragen
28. Das wollte ich nicht! – Ich auch nicht! 81
29. Tut mir echt leid, das von neulich! – Was? 82
30. Rums! 85
31. Judith rennt einfach los 88
32. Mir macht das jetzt Angst 91
33. Da mache ich nicht mehr mit! 94
34. Meine Gefühle beim Streit 96
35. Die kleine Maus sucht ihren Standpunkt 99
36. Worum ging es eigentlich nur? 102
37. Hör mir doch einfach mal richtig zu! 105
38. Wir nehmen unseren Streit selbst in die Hand. 106
39. Was wollen wir ändern? 109
40. In unserer Klasse hängen jetzt bald Streitregeln 113
41. Das regle ich auf meine Art 116
42. Meine Wut gilt nicht dir 119
43. Der Chef, das sind wir alle 120
44. Ich finde klasse, dass du für andere da bist! 124

Streit zum Schmunzeln
45. Unecht streiten. 127
46. Tränen lachen. 130
47. Wenn Esel streiten 133
48. Nur heiße Luft. 136
49. Wenn bei Robotern die Fetzen fliegen 138
50. Ich mag mich, pöh! 142

Streit gehört dazu

EINSTIEGSIMPULSE:
1. Was ist eure Meinung: Gehört Streit zum Leben oder nicht?
2. Können Menschen immer gleicher Meinung sein?

NACHBEREITUNGSFRAGEN:
1. Der Junge in der Geschichte wird Peace genannt. *Peace* heißt vom Englischen ins Deutsche übersetzt *Frieden*. Könnt ihr euch den Namen erklären?
2. Peace möchte am liebsten nie streiten. Wie wirkt das auf euch?

1. Wir denken immer gleich und streiten nie

Peace sitzt am Küchentisch und lächelt, obwohl er sich nicht auf seine Hausaufgaben konzentrieren kann. Eine Fliege hat sich auf seinem Arm häuslich niedergelassen, wandert darauf herum und macht sich sauber. Sie kitzelt ihn auf seiner blanken Haut.
Seine kleine Schwester Mini dreht das Radio lauter und grölt einen Pop-Song mit: „… laff juuuhu oho, laff juuuhu oho, laff juuuhu oho …"
Die Fliege stört das nicht im Geringsten und Peace lächelt. Jetzt fällt ihm wieder ein, wie er elf und sechs Birnen zusammenzählen kann.
Mini fläzt sich auf dem Tisch und fragt ihren Bruder: „Was heißt eigentlich: „Laff juuuhu oho…? … He, du hast da 'ne Fliege hocken! Los, puste die mal weg, damit die dich

nicht stört! … Oder warte, ich hole 'n schmales Glas und 'ne Karte und trag die nach draußen, so kannst du gar keine Hausaufgaben machen … Weil, bevor die nicht fertig sind, kannst du nicht mit mir rausgehen!"
Peace lächelt und meint: „Die stört mich nicht. Lass sie nur sitzen, wenn es ihr gefällt." Wie die Aufgabe gerechnet wird, ist ihm schon wieder entfallen. Er denkt neu darüber nach.
„Du bist ja doof!", blafft Mini ihn in dem Moment an, als ihre Mutter mit einer Einkaufstasche in der Hand hereinkommt.
„Lass Peace in Ruhe! Er arbeitet, Mini. So redet man nicht mit seinem Bruder!", stutzt die Mutter sie zurecht und streichelt ihrem Sohn über den Kopf.
„Wenn er aber doch so belämmert ist, sich von einer Fliege kitzeln zu lassen, anstatt gleich mit mir rauszugehen. So wird der doch nie fertig, Mensch … laff laff laff yuuuhu oh-ho-ho …"
Peace biegt seine verschränkten Hände nach außen: „Streitet euch nicht meinetwegen. Sieh mal, Mini, die Fliege ist bestimmt gleich weg. Und Mama, Mini hat es sicher nicht so gemeint …"
„Doch ich habe es so gemeint! Der ist voll blöd!", regt sich Mini auf.
Die Mutter ist genervt: „Niemand ist hier blöd, Mini. Geh jetzt bitte in dein Zimmer!"
„Sie möchte doch bloß schnell mit mir draußen spielen gehen, Mama. Sie ist halt noch klein und weiß nicht, dass Hausaufgaben ein bisschen dauern …"
„Und ob ich das weiß!", Mini kommt richtig in Fahrt.
„Raus!", wird die Mutter lauter.

„Lass nur, Mama, ich kann genauso gut rausgehen. Bitte, nicht mit Mini schimpfen! Sie ist noch so klein und ich hätte meine Hausaufgaben ja auch früher machen können", beschwichtigt Peace seine Mutter. Als er aufsteht, hebt die Fliege von seinem Arm ab. „Oh, das wollte ich nicht, Flieglein, tut mir leid …", bedauert Peace das leise. Traurig schaut er der Fliege nach, die orientierungslos im Zimmer umherirrt.

„Oh nein, Peace-Schatz, du bist zu gut für diese Welt! Also dann in Himmelsnamen, geh eben du in dein Zimmer. Und du Mini, stellst sofort die Musik leiser!"

Peace packt seine Schulsachen zusammen und hält inne: „Mini war so fröhlich, als sie bei der Musik mitgesungen hat …"

Die Mutter stopft ihren Einkauf in den Kühlschrank: „Verschwindet, alle beide, es ist nicht zum Aushalten mit euch!"

Mini sagt im Gang vor ihren Kinderzimmern: „Siehst du, das hast du jetzt davon! Hättest du mich mal die Fliege raussetzen lassen, dann wären wir jetzt nämlich schon längst im Garten."

„Ist gut, Mini! Ich hab dich lieb und Mama auch. Wir denken doch immer gleich, nicht wahr? Und ich möchte nie, nie mehr mit dir streiten, versprochen! Bis später!", damit zieht Peace seine Zimmertür hinter sich zu und macht sich lächelnd an die Hausaufgaben.

Streit gehört dazu

EINSTIEGSIMPULSE:
1. Welchen Streit vermeidet ihr lieber? Aus welchem Grund?
2. Welchen Streit möchtet ihr hinterher lieber klären? Warum?

NACHBEREITUNGSFRAGEN:
1. Was empört das Mädchen Apfel in der Geschichte? Wie verhält sich Peace dazu? (Die Figur *Peace* kommt in Geschichte 1 und 2 vor)
2. Wie würdet ihr auf Apfel reagieren, wenn ihr an Peace' Stelle wäret?

2. Lieber nicht streiten

Schmatzend motzt Apfel in der Pause ihren Tischnachbarn Peace an: „Du hast mir eben eine Patrone geklaut! Ich habe es genau gesehen!"

Peace lenkt ab: „Die habe ich mir doch nur geliehen. Jetzt sei mal still!"

„Ich soll still sein, wenn du dich bei mir bedienst?", lässt Apfel ihrem Ärger freien Lauf. „Du gibst es doch selbst zu!"

„Pssst", will Peace Apfel beruhigen, „nicht so laut, sonst hören es alle. Das regeln wir ein anderes Mal. Ich hab dich nicht bestohlen, Mama hat mir nur keine neuen Patronen in das Federmäppchen getan; so ist das. Und jetzt ist gut."

„So einfach kommst du mir nicht davon, du Muttersöhnchen!", schimpft Apfel und hackt dabei empört mit den Zähnen in ihr Brötchen. „Kannst du mich nicht erst fragen, bevor du an mein Federmäppchen gehst?"
Peace windet sich: „Bist du immer so pingelig? Ich wollte dir die Patrone morgen doch auch wieder reintun! So, jetzt ist die Sache aber durch."
Damit wendet sich Peace von Apfel ab und spitzt seinen spitzen Bleistift noch spitzer an.
„Wenn du noch einmal was von mir nimmst, ohne zu fragen, dann … dann …", Apfel kaut und kaut und schluckt mit trockener Kehle.
„Bist du immer noch nicht fertig? Komm, lass uns friedlich sein!", unterbricht Peace sie.
Apfel reißt eine Brötchentüte auf, dass es nur so herauskrümelt: „Mmh, Marmelade! … Nichts ist geklärt, ich will das jetzt …"
„Ne, oh ne!", grummelt Peace in sich hinein, kneift die Beine zusammen und geht hastig wohin.

Streit gehört dazu

EINSTIEGSIMPULSE:
1. Was meint *jemand ist temperamentvoll*? Nennt Beispiele.
2. Gern wird behauptet, Südländer haben ein anderes Temperament als die Deutschen. Stimmt das Bild aus eurer Sicht oder ist es bloß ein Märchen?

NACHBEREITUNGSFRAGEN:
1. Wie *reden* die Familienmitglieder in der Geschichte beim Essen miteinander?
2. Glaubt ihr, die Familienmitglieder tun sich beim Streiten gegenseitig weh? Oder genießen sie ihren Streit?

3. Streit aus Leidenschaft

Es ist mittlerweile knapp elf Uhr abends und draußen auf der Terrasse dauert das üppige Essen in der Familie an. Mittlerweile wird der dritte Gang serviert, der Nachtisch und der Käse sollen noch folgen. Dem Familienvater Horst platzt der Kragen und er sagt zu seiner Frau: „Liebling, meinst du nicht, du übertreibst? Das Menü ist bis jetzt wirklich sehr gelungen, aber ich fürchte unsere Drillinge müssen dringend ins Bett! Angeletta schreibt morgen sogar eine Klassenarbeit und ich muss früher als sonst zur Arbeit!"

„Aber Horst", eifert sich seine Frau und verfällt in einen temperamentvollen Ausbruch, „nicht schon wieder dieses Thema! Du weißt einfach nicht, wie ich als Italienerin

Besuch begrüße. Und du wirst es auch nie lernen, ich sagte NIE! Wir feiern unser Wiedersehen, kapiert? Mensch, Mensch, lass uns einfach nur ein bisschen beisammen sein, die Liebe und das Leben umarmen. Himmel, wenn du nur ein winziges bisschen unsere Kultur verstehen würdest. Aber du versuchst es noch nicht einmal. Oma, Opa, Tante und Onkel haben wir seit Monaten nicht mehr gesehen. Ach, ich vermisse sie hier immerzu und wenn sie schon mal aus Italien den weiten, weiten Weg hergefunden haben …! Bei meinem Gemüsegarten, was gibt es denn da bloß nicht zu verstehen?"

Auch die Drillinge Angeletta, Emma und Ricardo geben ihren hitzigen Kommentar dazu: „Als ob ich nicht trotzdem morgen die Arbeit schreiben kann, also wirklich, Papa!" – „Hey, Papa, willst du uns etwa noch füttern? Guck uns an, wir sind schon satte 7 Jahre alt, das hast du wohl vergessen, stimmts?" – „Ich mag noch mit Onkel Fußball im Dunkeln spielen, diesen Spaß wirst du mir doch nicht nehmen, P a p a ! Wer macht noch mit?"

Oma bringt den leidenschaftlichsten Einwand: „In Italien gehen viele Kinder später ins Bett als hierzulande. Ganz einfach, das ist so! Und wir genießen das."

„Aber hier nicht, h i e r n i c h t", ist der Vater bemüht, nicht gegen seine geliebte Horde Temperamentsbolzen anzubrüllen, die Kinder am Schlafittchen zu packen und ins Bett zu stopfen.

Die Mutter schwenkt ganz plötzlich gefühlsmäßig von aufbrausend zu lämmchenzart um: „Meine Lieben, Bettgehzeiten kann man doch nicht verallgemeinern, nicht hier, nicht dort. Bei meiner Freundin Ute zum Bei… ach, na ja … Hörstchen, komm, nur noch eine Stunde, das ist nicht mehr lang, ja, Püppchen? Sei kein verdammter Spielverderber!"

„Nenn mich nicht mehr *Hörstchen* und schon gar nicht mehr *Püppchen*! Das weißt du schon lange, dass ich das gar nicht leiden kann. Ich liebe dich aberwitzig, aber sowas macht mich wahnsinnig!"

Angeletta springt ein: „Papa, nicht durchdrehen jetzt! Das macht mich ganz traurig, ganz arg traurig, dass du so redest, wo wir doch nur feiern wollen. Was ist schon dabei?"

„Siehst du, siehst du, was du angestellt hast?", bohrt Ricardo seinen Finger in Papas kugelrunden Bauch.

Der Vater steht auf und gibt kurz angebunden von sich: „Also gut, ihr Kinder dürft heute die Nacht durchmachen, mein Einverständnis habt ihr. Tja, wer stört, sollte selbst ins Bett gehen. Dann *Gute Nacht* allerseits! Genießt den lauen Abend. Soll ich vorher noch beim Geschirrhereintragen helfen oder kommt ihr auch da ohne mich zurecht?"

Die Mutter wirft eine lange Haarsträhne nach hinten und gerät wieder in Wallung: „Also Hörstchen, eher stört es, wenn du jetzt ins Bett gehst! Besuch und mich sollte man nicht allein lassen oder willst du uns beleidigen, du gefühlloses Käse-Panini? Schon gar nicht, wenn der Besuch von weit herkommt. Lieber würde ich an deiner Stelle morgen bei der Arbeit müde sein und dagegen ankämpfen, wie ein tapferer … Mach mich nicht närrisch, du Schatz, lass mich nicht hängen!"

Entschlossen steht der Opa auf und schmettert in den Raum: „Gut, wenn der Mann des Hauses müde ist, dann gehen wir eben alle ins Bett und feiern morgen weiter. Ich habe schon gar keine Lust mehr zu feiern …"

Die Mutter schleudert die Arme in die Höhe, wie eine Opernsängerin auf der Bühne in einer dramatischen Szene: „Oh nein, oh nein, kommt gar nicht infrage, darauf lassen wir uns nicht ein. Und Opa, das lass dir gesagt sein, in meinen eigenen vier Wänden gehe ich ins Bett, wann es mir passt!"

Weinerlich sagt Horst: „Ihr Gäste macht hier Urlaub, ich dagegen muss morgen funktionieren."

Der Opa wird weich und bestimmt vehement: „Ich bestehe darauf, dass wir alle ins Bett gehen und Ruhe in die Wohnung kommt, damit Horst morgen bei der Arbeit ausgeschlafen ist. Horsto, du kannst eben nichts ab und bist nicht gewohnt lange aufzubleiben, armer Irrender. Ich sage dir aber, du verpasst was im Leben, du verpasst was …"

Die anderen Erwachsenen rücken mit den Stühlen.

„Mamma Mia, also gut", seufzt die Mutter überlaut, mit großer Mimik auf, und schaut zum Vater, „warum bin ich nur trotz deiner Zicken so verliebt in dich?"

„Aber wir, aber wir bleiben die Nacht über auf, Papa hats versprochen, sonst ist das Wortbruch", trotzt Angeletta augenreibend den Erwachsenen und versucht kerzengerade aus den Augen zu schauen.

Streit gehört dazu

EINSTIEGSIMPULSE:
1. Wann hattet ihr zuletzt eine andere Meinung als jemand anders?
2. Unterscheidet: Wann streiten zwei Personen? Und wann haben sie eine Meinungsverschiedenheit?

NACHBEREITUNGSFRAGEN:
1. Machen die Jungen nur Spaß oder streiten sie auch miteinander?
2. Was meint Nelson in der Geschichte mit: „Ich streite nicht, ich sage nur meine Meinung"?

4. Ich streite nicht, ich sage nur meine Meinung

Nelson zieht sich in der Pause auf eine Bank zurück und kratzt geheime Botschaften mit einem Stock in den Sand. Plötzlich wird er von hinten weggezogen, erschrickt und plumpst weich auf den frech grinsenden Mäcki.

„Komm, lass uns rangeln, es ist sonst nichts los hier!", feuert Mäcki Nelson an und will ihn fassen.

„Mensch, meine neue Jacke, du hast wohl eine Meise!", schubst ihn Nelson weg.

„Nur ein bisschen kabbeln, das bringt Spaß!", lässt sich Mäcki nicht von seinem Vorhaben abbringen und stellt sich aufrecht mit Fäusten in Position.

Nelson reagiert mit: „Sei nicht albern!", entstaubt dabei seine neue Jacke und schabt dann mit einem Fingernagel angewidert einen Vogeldreck darauf weg.

Mäcki fühlt sich links liegen gelassen und durchsucht aus Verlegenheit seine Hosentaschen. Zum Vorschein kommt eine leere Kaugummipackung, die er zusammenknüllt und mit einem Fußtritt in die Büsche manövriert. Dann findet er noch ein loses klebriges Weingummi, das er in den Mund stopft.

„Heb die Packung sofort auf, unser Schulhof soll nicht verdrecken! Außerdem ist hier ein kleiner Riss in meiner Jacke, Mist!"

„Nee, mache ich nicht! Kannst du selber machen, wenn dir Müllsammeln so wichtig ist … und das mit der Jacke war ich nicht, du Schnösel."

„Ich bin lieber ein Schnösel als ein Penner mit zerbeulten Hosen. Du hebst jetzt das Papier auf …"

Daraufhin versucht Mäcki wieder mit Nelson zu raufen, doch prallt er an dessen Gleichgültigkeit ab: „Der gehört mir gar nicht, der Kaugummifetzen."

„Ich habe es genau gesehen, wie du ihn weggeschossen hast", beharrt Nelson.

Mäcki brüllt: „Du suchst nur Streit, du Angeber – ist das eigentlich deine fünfte oder sechste Jacke in diesem Jahr? Eine für den Sonntagsspaziergang, eine für die Stadt, eine …"

Nelson fängt wieder an, mit einem Stock Botschaften in den Sand zu kratzen: „Ich streite nicht, ich sage nur meine Meinung."

 # Streit gehört dazu

EINSTIEGSIMPULSE:
1. Habt ihr ein Haustier? Falls ja, welches? Was gefällt euch daran, was eher nicht?
2. Haben eure Nachbarn, Freunde oder Verwandte Haustiere? Welche? Beschäftigt ihr euch manchmal mit diesen Tieren?

NACHBEREITUNGSFRAGEN:
1. Jula wünscht sich ein Haustier. Welches? Wie stellt sie sich das vor?
2. Was kommt bei der Diskussion um ein Haustier heraus?

5. Ein Haustier – ja oder nein?

Heute ist für Jula ein wichtiger Tag: Am Nachmittag ist geplant, dass sie mit ihren Eltern am runden Tisch über die mögliche Anschaffung eines Haustieres diskutiert. Angestrengt überlegt sie vorab: „Wie kann ich Mama und Papa nur am besten zu dem Haustier überreden?"

Um vier Uhr ist es endlich so weit, die Diskussion kann beginnen und alle drei bringen viel Zeit mit. Jula und Papa haben für die Runde extra Waffeln gebacken und Mama hat Kirsch-Bananen-Saft gemixt.

„Welches Tier kann ich denn schon mal haben?", platzt es aus Jula heraus.

Papa reißt ein Stück Waffel ab und dämpft ihre Freude ein wenig: „Moment mal, um es vorweg klarzustellen: Es geht hier zunächst darum, ob wir überhaupt ein Haustier anschaffen sollten oder besser nicht!"

„Ja aber …", Jula will sich nicht bremsen lassen, „wir können doch schon mal überlegen, welches Tier gut zu uns passt und welches eher nicht. Also, ich möchte gern einen Dackel haben. Seid ihr einverstanden?"

Die Eltern von Jula schauen sich vielsagend an. Mutter schlägt vor: „Wir können die Vor- und Nachteile eines Haustiers auf einen großen Zettel schreiben, am besten in eine Tabelle. Jeder kann einbringen, was ihm zu dem Thema einfällt. Wie findet ihr das?"

„Na ja …", muffelt Jula ungeduldig vor sich hin.

Schließlich sind eine Menge Vor- und Nachteile gefunden und der Vater liest noch einmal alles vor.

Jula protestiert: „Es sind mehr Nachteile auf dem Zettel als Vorteile. Das ist unfair, weil ihr zu zweit seid und mehr Nachteile als Vorteile an Haustieren seht. So läuft doch der Hase!" Schmollend trampelt sie zum Sofa und wirft sich darauf.

„So kommen wir nicht weiter, Jula!", holt der Vater sie sanft an den Tisch zurück. „Also, es ist gar nicht so einfach, alles zu bedenken. Und natürlich ist ein Tier nicht allein ein Vergnügen, sondern bedarf auch viel Pflege und Arbeit. Zudem kann man es schlecht längere Zeit alleine lassen, zum Beispiel in der Urlaubszeit."

„Dann geben wir das Tier in den Ferien einfach zu den Nachbarn!", glaubt Jula schon die Lösung zu haben für dieses Problem. „Aber die *Arbeit* müsst ihr bei dem Dackel dann natürlich machen, ist ja klar, denn ich bin noch zu klein, um *arbeiten zu gehen*, das tun nur Erwachsene. Ich kann doch zum Beispiel nicht allein Futter für den

Dackel einkaufen gehen. Ich mag einfach mit ihm spielen."

Mutter sagt: „Doch, kleine Aufgaben erledigen, wie Einkaufen gehen für ein Haustier, das kannst du mit der Zeit auch schaffen, das ist nicht vergleichbar mit Arbeiten gehen beziehungsweise Geld verdienen wie bei uns. Aber noch viel wichtiger ist es für dich zu lernen, dass du dein Tier auch regelmäßig fütterst, seine Futternäpfe und das Tierklo auswäschst und du dich mit ihm auch dann beschäftigst, wenn du eigentlich lieber nur mit einer Freundin spielen möchtest …"

„Hm", schnaubt Jula, „da gibt es viel, viel zu tun. Und ihr könnt nicht das eine oder andere übernehmen? Vielleicht das Klo …?"

Ihr Vater antwortet: „Natürlich werden wir dir bei der Tierpflege helfen, wenn wir uns für ein Haustier entscheiden sollten, aber es soll dein Tier sein! Es ist dein Wunsch! Somit erwarten wir schon, dass du die meisten Aufgaben für das Tier übernimmst."

Jula scheint in einem Atemzug mehrere kleine Luftwolken aus ihrem Mund herauszublasen: „Wenn wir uns einen Dackel nur mit irgendwem teilen könnten: Einer macht die Haufen weg, einer kuschelt mit ihm und einer wirft …"

„Also", meint die Mutter, „so einfach ist die Tierpflege in der Regel eben nicht. Aber mir fällt ein, du könntest im Tierheim fragen, ob die deine Hilfe gebrauchen könnten. Dort leben viele Tiere, die sich über jeden Besuch freuen und die Tierheim-Mitarbeiter sind bestimmt dankbar für tatkräftige Unterstützung. Hm, wie gefällt dir der Gedanke? Dann machst du unter Umständen auch den Dreck der Tiere weg, brauchst dich aber nur so lange und so oft mit ihnen zu beschäftigen, wie du Zeit und Lust dazu hast."

Jula springt vom Stuhl auf: „Ich hab's, ich frage die Nachbarn von schräg gegenüber, ob ich ihren Dackel Duck ab und zu ausführen darf!"

Während Jula aufgekratzt durch das Zimmer läuft und sich Worte überlegt, wie sie die Nachbarn darauf ansprechen kann, geben sich ihre Mutter und ihr Vater einen Kuss.

„Und was tue ich, wenn Dackel Duck einfach groß auf den Gehsteig macht? … Ach, dann nehme ich halt eine Tüte mit und schaufle das weg, Dacki Ducki wird das sowieso nicht tun."

Streit gehört dazu

EINSTIEGSIMPULSE:
1. Jeder hat seine Stärken und seine Schwächen. Was heißt das?
2. Jeder kann etwas. Stimmt das? Diskutiert.

NACHBEREITUNGSFRAGEN:
1. Drache und Schnecke messen beide ihre Stärke miteinander. Wobei?
2. Wer gewinnt und wer verliert in der Geschichte die beiden Wettkämpfe? Sind beide zufrieden?

6. Gewinner oder Verlierer?

Klein Drache und Schnecke sind beste Freunde. Heute ist ihnen langweilig zumute. Schnecke zieht sich daraufhin verstimmt in ihr Haus zurück und prallt dabei mit dem

Kopf gegen die Schneckenhauswand. Drache leckt sich unwirsch seine Schuppen sauber und beißt dabei ungeschickt in eine seiner Rückenzacken: „Ouuuu!", feuert er laut auf, sodass Schnecke hervorpirscht und nach dem Rechten sieht.

„Vielleicht sollten wir einen Wettkampf machen?", will Schnecke sich und ihren Freund auf andere Gedanken bringen.

Da lacht Drache nur, reibt seine Ohren aneinander und will sofort beginnen: „Also gut, das ist eine prima Idee! Wir machen Weitwurf und du darfst anfangen."

„Wie großzügig!", meckert Schnecke und bittet Drache darum, ihr ein Sandkorn auf einen ihrer Fühler zu legen.

Das macht Drache allzu bereitwillig. Schnecke legt daraufhin ihren Fühler mitsamt Sandkorn nach hinten und lässt ihn dann hervorschnellen. Wohin beide mit ihren Augen dem Sandkorn mit Mühe folgen konnten, wird sofort eine Linie in die Erde gezogen. Drache ist äußerst großzügig bei der Abmessung und streitet nicht um die paar Millimeter unterschiedlicher Einschätzung. Als er anschließend seinen Schwanz als Apfelschleuder benutzt, rast er der Frucht hinterher, um die Entfernung markieren zu können.

Schnecke gibt das Hinterhereilen rasch auf und vertraut ihrem Freund, dass er bei der Wurf-Entfernung nicht schummelt. Anschließend sind sich beide einig, dass Drache diesen Wettkampf gewonnen hat.

Aber Schnecke verspannt sich am ganzen Körper. Weil sie eine Chance bekommen möchte, den Sieg ihres Freundes auszugleichen, schlägt sie eine Revanche vor: „Wer zuerst über diesen Felsen gelaufen ist!"

Der kleine Drache beäugt den Felsen und überlegt: „Drüberspringen kann ich nicht, dazu ist er zu hoch. Jedoch wird Schnecke ewig brauchen, um auf die andere Seite zu gelangen." Seiner Freundin Schnecke verspricht er daher gut gelaunt: „Ich werde dich mit Futter versorgen auf deiner Klettertour, falls du länger unterwegs bist als ich!"

Während Schnecke bei ihrer Extrem-Bergtour Durchhaltevermögen zeigt, gibt Drache schnell auf, denn er kommt nicht über die vielen scharfen Steinkanten des Felsens. Nach mehreren Verletzungen harrt er unterhalb des Felsens aus und bedient Schnecke Woche für Woche mit Kraftfutter, wenn sie nicht selbst welches findet, das frisch am Hang wächst und er sie mit seiner Schnauze oben im Felsen erreicht. Schnecke steigt und steigt und geht bergab und geht bergab ... Dank ihres schützenden Schneckenschleims gelangt sie unversehrt über des Felsens Schneide.

Endlich! Erschöpft aber glücklich wird Schnecke auf der anderen Seite von Drache erwartet, der häufig um den Felsen herumgewandert ist, um sich die Wartezeit zu vertreiben.

Drache hält Schnecke seine Pranke an den Fühler und gratuliert ihr zu ihrem Sieg: „Nun steht es 1:1!"

Zufrieden überlegen sie, wobei sie sich als Nächstes miteinander messen können. „Fällt dir ein Spiel ein, das ich mit dir spielen kann?", fragt Schnecke den kleinen Drachen erwartungsfroh.

Streit gehört dazu

EINSTIEGSIMPULSE:
1. Sich sehr mögen und sich necken – wie passt das zusammen?
2. Jemanden zu viel necken, auch wenn man ihn sehr mag. Geht das?

NACHBEREITUNGSFRAGEN:
1. Was ist mit Ellen los? Und mit Bill?
2. Warum versteckt Ellen Bills Federmäppchen? Sucht sie Streit?
3. Wo vermutet Ellen ihr Mäppchen? Ist sie sauer darüber?

7. Immer Ärger mit den Mädchen, immer Ärger mit den Jungs

Ellen versucht dem Unterricht zu folgen, zwischendurch träumt sie und guckt zu Bill. Manchmal schaut auch Bill zu Ellen und tuschelt danach mit seinem Sitznachbarn. Wenn Ellen das bemerkt, schaut sie schnell wieder weg und tut so, als ob sie dem Lehrer zuhört.
Nach einer Weile kritzelt Ellen etwas auf einen Zettel und reicht ihn – vom Lehrer unbemerkt – durch die Bankreihe zu ihrer besten Freundin weiter. Nach der Lektüre wirft diese einen neugierigen Blick auf Ellen, dann auf Bill, wieder zu Ellen und grinst daraufhin verstohlen. Dann wendet sie sich wieder dem Unterricht zu und Ellen verfällt erneut ins Land der Träume. „Gut, dass mich der Lehrer nicht drannimmt", denkt sie kurz.

Es klingelt. „Endlich!", freut sich Ellen und stürzt mit ihrer Freundin in die Pause. Draußen stellt sie fest, dass sie ihr Brot im Klassenraum vergessen hat. Sie überredet die Pausenaufsicht, sie für einen Moment wieder hereinzulassen, und holt ihr zweites Frühstück aus dem Ranzen, als ihr Blick auf Bills Federmäppchen fällt. Ohne darüber nachzudenken, nimmt sie das Mäppchen, wundert sich darüber, dass es so bekritzelt ist, und versucht die Kritzeleien zu entziffern, doch die Zeit drängt.

Sie blickt sich im Klassenraum um und findet ein geeignetes Versteck: „Hinter dem Deutschbuch-Stapel wird Bill das Federmäppchen nicht so schnell finden. Das ist lustig." Schnell geht sie wieder nach draußen zu ihrer Freundin. Die Pause ist jetzt nicht mehr allzu lang und Ellen bringt anschließend das erst halb aufgegessene Brot wieder mit ins Klassenzimmer.

Erst bei einer Schreibaufgabe bemerkt Bill, dass sein Federmäppchen fehlt. „Bitte, mach deine Aufgabe und rede nicht, Bill!", ermahnt ihn der Lehrer.

„Ich kann nicht schreiben, ich habe keinen Stift!", guckt Bill verwundert in seinem Ranzen nach. „Bestimmt war mein Mäppchen vorhin noch da!"

Unwirsch fordert der Lehrer die Klasse nach einer Weile auf: „Gut, jetzt müssen wir wohl erst alle miteinander das Federmäppchen von Bill suchen!"

Mit Geschrei und großer Unruhe durchkämmen die Schüler den Raum. Schließlich findet der Lehrer das verschollene Exemplar hinter dem Stapel mit Deutschbüchern: „Nanu, wie kommt das denn hierher?"

Bill sieht kurz zu Ellen, ihre Blicke streifen sich und Ellen schaut dann erschrocken an die Decke, als ob dort etwas Ungewöhnliches zu sehen sei.

„Wer hat Bills Federmäppchen versteckt?", fragt der Lehrer streng. Keiner aus der Klasse meldet sich, keiner rührt sich. „Dann hat es sich wohl allein auf den Weg gemacht, sonderbar!", sagt der Lehrer noch strenger.
Ellen rutscht ihr Herz beinahe bis in ihren Strumpf herunter. Ihre Freundin scheint sie mit den Augen zu durchleuchten.
Später, auf dem Heimweg, schweigt sich Ellen vor ihrer Freundin aus.

Zuhause angekommen, fragt die Mutter ihre zerknirscht wirkende Tochter besorgt: „Na, wie war es heute in der Schule?"
„Toll!", gibt diese mit den Tränen kämpfend von sich und schaufelt ihre Erbsensuppe in sich hinein. Anschließend stürmt sie samt Ranzen in ihr Zimmer und lässt die staunende Mutter hinter sich: „Ich mache schon mal meine Hausaufgaben!"
Mit dem Fuß stößt sie gegen den Setzkasten, der auf der Erde steht und den sie vorher noch nie übersehen hat. Den jähen Schmerz verbeißt sie sich und rammt vor Wut auch noch den anderen Fuß daran.
Humpelnd schleppt sie sich an den Schreibtisch, doch als sie mit Rechnen beginnen will, kann sie ihr Federmäppchen nicht finden, auch nach mehrmaliger Suche nicht: „Ich weiß genau, dass ich es eingepackt habe, denk ich jedenfalls ... Moment, was ist das? Mein Füller und ein Bleistift ohne alles andere im Ranzen? Hier ist ein kleiner Zettel ... *Grrrr* steht darauf und ein *B*. Na, so ein Zufall!"
Sprachlos sitzt sie da und massiert ihre schmerzenden Füße durch die Hüttenschuhe hindurch. Doch dann schmeißt sie sich einen Augenblick lang auf ihr großes

buntes Sitzkissen und stellt sich vor, wie Bill vielleicht gerade ihr Mäppchen in der Hand hält und träumt … Ein wohliger Schauer durchfährt sie. Verschmitzt lächelnd greift sie sich Füller und Bleistift, wühlt in ihrer Schublade nach einem Lineal und macht sich summend an die Arbeit.

 ## Streit gehört dazu

EINSTIEGSIMPULSE:
1. Wie kann man fair streiten? Habt ihr eine Idee dazu?
2. *Ein kleiner Streit und der Tag ist hinüber*. Kennt ihr das? Ist das nötig?

NACHBEREITUNGSFRAGEN:
1. Was denkt Ankes Mutter über den Streit der Kinder?
2. Was meint die Mutter damit:
    a) Streiten gehört dazu, aber es will gelernt sein.
    b) Wir brauchen eine Streitkultur in der Familie.

8. Deine Katze ist einfach nur doof

Fritzi steht bei Anke im Wohnzimmer und bohrt: „Wann darf ich denn endlich mal deine beiden Katzen füttern? Du hast mir das schon so lange versprochen!"
Anke zieht die Nase hoch, obwohl es nichts hochzuziehen gibt, und verzieht ihre Schnute bis zur linken Wange: „Mensch, bist du ungeduldig! Aber gut, ich bin nett und

du darfst Emmie heute ihren kleinen Leckerbissen geben, den sie neben dem eigentlichen Fressen ein Mal am Tag bekommt. Aber nur Emmie! Bei Mus mache ich das schon."

„Mh", schnaubt Fritzi, „nö, das ist kein Füttern, wenn ich nur einer von beiden Katzen zufüttern darf. Dann will ich ihnen nicht mehr ihr Fressen geben, nicht mehr, gar nicht mehr, niemals! Du kannst mich mal!"

Anke streckt Fritzi ihre Zunge hin, klappert mit dem Futterkarton, holt ein paar Leckerbissen heraus und ruft die eine Katze herbei: „Mus … Mus … Muhus …"

Kurz darauf kommt Mus angetollt, die schon durch das vertraute Geräusch vorher aufmerksam geworden war. Sie streift schnurrend um Ankes Beine herum, reibt ihr Köpfchen daran und stellt sich auf die Hinterpfötchen, um besser an die Knabberei in Ankes Hand heranzureichen.

Erst streichelt Anke ihre Katze und reicht ihr dann die Häppchen, die diese gierig verschlingt: „So ist's brav, Mus!" Während Anke ihr zwischendurch den Hals krault, windet sich die Katze behaglich und reckt sich ihrer Hand immer wieder voller Erwartung entgegen.

„Na gut, gib mir auch ein paar Bröckchen!", bittet Fritzi, die jetzt doch gerne wenigstens die zweite Katze verwöhnen möchte: „Emmie, Eeeemie, komm, es gibt was Feines, lecker, lecker …"

„Oh ne, erst so, dann so! Du weißt auch nicht, was du willst …", tippt sich Anke an die Stirn.

„Na und, aber du … gib schon her die Box!", verlangt Fritzi. „Emmie kommt gleich."

Gönnerhaft legt Anke Fritzi drei Trockenfutterflöckchen auf den Tisch. Fritzi nimmt sich diese und ruft: „Emmie, Emmiechen, Emmie-Emmie-Emmie, t-t-t …"

Doch Emmie kommt nicht. „Die kennt deine Stimme nicht!", sagt Anke.

„Aber es ist doch was Leckeres für sie", runzelt Fritzi die Stirn, riecht an den Brocken und zieht ihre Mundwinkel weit nach unten. Fritzi greift sich den Futter-Karton hinter Ankes Rücken, schüttelt ihn leicht und spricht in die Weite des Raumes, den sie mit den Augen nach der Katze absucht: „Emmie! Emmie!"

Langsam tapst Emmie ums Eck. Streicheln lassen will sie sich aber nicht. An einem Happen in Fritzis offener Hand schnuppert sie nur und bewegt sich dann scheu in eine Ecke. Als Fritzi das Stückchen auf den Boden legt, schnuppert sie wieder daran. Schließlich hat Fritzi genug und legt alle drei Stückchen gleichzeitig auf die Erde. Emmie schiebt sie vorsichtig mit den Pfoten umher, als wären sie eine Maus.

„Das kann ich gar nicht mit ansehen. Diese Katze ist einfach nur doof! Mir gibst du die doofe Katze und du nimmst die schlaue!", ärgert sich Fritzi.

„Du darfst meine Katze nie wieder füttern, wenn du sowas sagst! Emmie ist bloß alt und ein bisschen scheu und Mus dagegen ist jung und neugierig. Du darfst sie deswegen nicht schlechtmachen!", motzt Anke und schaut dabei böse mit sich langsam aufrichtendem Kopf zu Fritzi.

„Kaum darf ich mal was zufüttern, grabschst du dir die lustige Katze und ich kriege die transusige. Gemein, gemein bist du!", damit stürzt Fritzi lärmend aus der Wohnungstür und läuft rüber in die Nachbarwohnung, wo sie mit ihrer Familie wohnt.

Erschrocken hört Emmie nach einem halben Futter-Brocken auf zu fressen, huscht im Galopp in Ankes Zimmer und geht dort hinter dem Schreibtisch auf Tauchstation.
Weinend brüllt Anke nach ihrer Mutter: „Fritzi hat mit mir geschimpft, obwohl sie Emmie Leckereien geben durfte!"
„Ist es so schlimm?", streichelt die Mutter ihr über den Kopf. „Erzähl, was ist passiert?"
„Die hat gesagt, dass Emmie doof ist …", schnieft Anke.
„Einfach der Reihe nach, Anke!"
Langsam kommt Anke etwas zur Ruhe und versucht den Streit in seiner Abfolge wiederzugeben, so gut es ihr eben gelingt, denn sie ist noch immer ein wenig aufgewühlt.
Schließlich sagt die Mutter mit einem Lächeln: „Weißt du was? Streiten gehört dazu. Aber es will gelernt sein. Ich glaube, Papa und ich schaffen das auch nicht immer gut. Manchmal brüllen wir uns sogar an … vielleicht sollten wir in unserer Familie so etwas wie eine Streitkultur einführen, hm?"
„Was ist das: *Streitkultur*?", japst Anke wimmernd nach Luft.
Die Mutter streicht ihr eine Strähne aus dem nassen Gesicht: „So ganz genau weiß ich das auch noch nicht, aber ich werde mich mal darum kümmern, ja?"
Anke geht unglücklich zu ihrer auf dem Sessel sitzenden Stoffpuppe und drückt ihr trauriges Gesicht in sie hinein. Erschrocken fährt sie auf, als Mus ihr plötzlich auf die Beine springt. Doch nach zärtlich-kratzigem Handlecken darf Mus es sich neben Anke gemütlich machen.

Kleiner Streit

EINSTIEGSIMPULSE:
1. Was sind *Sticheleien*, bezogen auf das Streitthema?
2. Nennt Beispiele für alltägliche Streitereien. Sind diese vermeidbar?

NACHBEREITUNGSFRAGEN:
1. Hein stichelt Nico und Nico stichelt Hein. Wie machen die das? Sind die Sticheleien böse gemeint? Machen sie den Jungen etwas aus?
2. Wie könnten Nico und Hein sich ihren Freunden gegenseitig ohne Sticheleien vorstellen?

9. Dicki und Schlabber

Nico ist nach der Schule zum ersten Mal mit Hein zu ihm nach Hause gegangen.

„Du hast aber eine krasse Aussicht hier oben, aus dem 13. Stock!", staunt Nico.

„Ist nicht schlecht, ist voll okay. Komm, lass uns Fußballspielen gehen! Die anderen sind schon da, siehst du dort unten, die kleinen Punkte?"

Aus Spaß nehmen beide die Treppe und eilen hinab, zumindest Hein. Nico hat Schwierigkeiten mitzuhalten und bekommt Schweißausbrüche aufgrund seines runden Körpers.

Hein wartet unten auf ihn. Nach einer kleinen Verschnaufpause gehen sie zum sogenannten Fußballplatz, den sich die Truppe zwischen Hochhäusern und Mülltonnen herbeifantasiert. Die Fußballer unterbrechen neugierig ihr Spiel, als sie ein unbekanntes Gesicht an der Seite von Hein sehen. Hein stellt den neuen Jungen vor: „Das ist mein Freund Dicki. Er geht mit mir in eine Klasse."

Der Spitzname löst Gejohle bei Heins Kumpeln aus. Ein Junge meint: „Vielleicht doch eher Fetti? Dicki klingt untertrieben", dann hält er Nico seine Hand hin, der einschlägt. Ein anderer Spieler bestimmt: „Bleiben wir bei *Dicki*, *Fetti* klingt so nach *Konfetti*, irgendwie nach gar nichts. Willkommen im Club, Dicki!"

Nico denkt: „Das nervt, das *Dicki*, aber das kenne ich schon. Die Jungs sind in Ordnung und ich kann mitspielen."

„Läufst du gut, Dicki?", fragt ihn ein weiterer Junge skeptisch. „Aber lasst uns mal weitermachen! Sonst muss gleich wieder irgendjemand essen kommen, einkaufen gehen oder sonstwas."

Nico nimmt seinen Mut zusammen: „Ich muss noch ein bisschen durchatmen, wir sind eben aus dem 13. Stockwerk runtergehechtet … Danach möchte ich im Tor stehen, das liegt mir."

Ein Junge mit einer Hakennase grinst: „Das kann ich mir vorstellen, da brauchst du bei deinem Umfang auch nicht so viele Schüsse zu halten …"

Nico antwortet spontan: „Das wäre bei dir nicht anders, bei dir würden die Bälle an deinem großen Zinken hängen bleiben …"

Der Junge mit Hakennase lacht über dieses Bild von sich selbst und meint zu Nico: „Ruh dich nicht zu lange aus! Wir brauchen dich – im Tor sind wir alle Nieten. Ich be-

fürchte, du musst ab und zu die Mannschafts-Seiten wechseln …"
Als sich die Runde schließlich kleckerweise auflöst, ist Nico zufrieden und denkt sich: „Das war ein starkes Spiel und alle sind cool drauf."

Zwei Tage später schlendert Nico mit Hein über den Schulhof. Auf der in die Jahre gekommenen Tischtennisplatte aus Stein sitzen zwei Leute, die Nico noch aus Kita-Tagen kennt. Er mochte sie schon immer gern und wusste gar nicht, dass sie auf dieselbe Schule gekommen sind wie er: „Voll krass, dass ihr hier seid! Und was macht ihr so? Baut ihr immer noch so viel Mist?" Die alten Kumpel von Nico grinsen breit und er stellt ihnen Hein vor: „Das ist übrigens mein Freund Schlabber, er geht in meine Klasse. Unter uns: Schlabber heißt er, weil er keinen A… ääh, keinen Po in der Hose hat …"
Die beiden Jungen belustigt das: „Schlabber, das hört sich an wie Sabber …" – „Kannst du Tischtennisspielen, Schlabber? Die Platte ist nicht grad der Bringer, aber man kann schon noch damit spielen …"
„Das nervt, das *Schlabber*, aber das kenne ich schon!", denkt Hein und freut sich gleichzeitig darüber, Nicos alte Kita-Freunde kennenzulernen.

Kleiner Streit

EINSTIEGSIMPULSE:
1. Was ist ein Interessenskonflikt?
2. Beispiel für einen möglichen Interessenskonflikt: Ein Kind möchte Pizza essen, das andere Nudeln und der Vater kocht schließlich Nudeln. Warum kann es Streit geben? Habt ihr Ideen, um hier einen Streit zu vermeiden?

NACHBEREITUNGSFRAGEN:
1. Die Geschwister Ina und Trixi sind unterschiedlich alt. Beide wollen dasselbe. Um was handelt es sich?
2. Dürfen beide gleich lang aufbleiben? Wie geht es Ina und Trixi damit?
3. Schreibt in wenigen Sätzen einen Interessenskonflikt unter Freunden auf. Was schlagt ihr ihnen zur Konfliktlösung vor?

10. Die darf viel länger aufbleiben als ich

Ina ist sieben und Trixi zehn Jahre alt. Beide wohnen bei ihrer Oma, weil sie ihre Eltern nie kennengelernt haben. Warum das so ist, haben sie nicht erfahren. Aber sie haben Oma gern und Oma hat *ihre Mädels* gern. Oma bekommt manchmal Besuch von Franz, einem lustigen Mann, der ihr Opa sein könnte, es aber nicht ist. Oft gehen sie alle vier zusammen ins Kino und spazieren. Die Oma ist dann meist besonders fröhlich und lieb zu ihnen. Heute steht solch ein Programm bevor und alle drei sind gut gelaunt, bis das Telefon klingelt und Oma anschließend geknickt ausschaut.

„Oma, was hast du?", fragt Ina, als sie bemerkt, dass etwas nicht stimmt.

„Ich glaube, wir besuchen heute nicht mehr das Kino!", brummt sie mit ihrer etwas rauen Stimme.

„Warum nicht?", schluchzt Ina sofort auf.

„Weil Franz … weil Franz gerade keine Zeit hat, darum!", sagt Oma unwirsch.

„Dann machen wir das halt zu dritt!", lässt sich Trixi die Laune nicht verderben.

Ina und Oma bocken. Doch Trixi überredet sie schließlich zum Kinobesuch.

Nach dem Film gehen sie nicht mehr spazieren, sondern direkt nach Hause. Da reagiert Ina enttäuscht: „Ich mag aber noch durch den Stadtgarten laufen!"

Oma grummelt: „Nein, das reicht für heute, wir essen gleich Abendbrot, waschen uns und gehen früh zu Bett."

Trixi schaut die Oma schräg von der Seite an: „Aber ich darf doch noch aufbleiben, nicht?"

Fast gleichgültig sagt Oma: „Also gut, du kannst dich nach dem Essen noch für eine Stunde in die Küche setzen, damit du Ina nicht störst in eurem Zimmer. Danach ist Ende angesagt und du schleichst dich in deine Koje!"

Ina wimmelt Oma ab: „Trixi braucht nicht zu schleichen, ich bleibe auch noch eine Stunde auf!"

Doch Oma meint streng: „Nein Ina, du verschwindest früher in die Heia als deine Schwester. Trixi ist schließlich drei Jahre älter als du."

Trixi fühlt sich schon fast erwachsen: „Jetzt mach halt, was die Oma sagt, Kleine!"

Ina könnte explodieren: „Ich hau mich ins Bett, wann es mir passt! Wenn ihr schlaft, dann hocke ich mich in die Küche und spiele die halbe Nacht durch. So, nur dass ihr's wisst. Ich mache mich nach dem Essen schon ganz fertig, damit ich euch heute Nacht nicht wecke …"

Oma wird streng: „Du tust, was ich sage, Ina! Hast du verstanden?"

Ina schmeißt sich brüllend auf die Erde.

Trixi ist genervt: „Du bist doch kein Kleinkind mehr, Ina! … Du sollst jetzt auf Oma hören!"

„Das regeln wir zwei auch ohne dich, Trixi!", will Oma von dem Streit jetzt nichts mehr wissen. „Am besten du machst heute nur eine halbe Stunde später Schluss als Ina!"

Trixi schnappt nach Luft und Ina huscht schadenfroh an ihr vorbei, nicht ohne in ihre Richtung noch einen Zeigefinger über den anderen zu ratschen: „Ätsch!"

„Marsch, ins Kinderzimmer, Ina! Zieh dir schon mal dein Nachthemd an, dann geht es später schneller!", wird Oma langsam ungeduldig.

Trixi hält sich lieber noch einen Moment in der Küche auf, in sicherem Abstand zu Ina. Oma fängt an Kartoffeln zu putzen. „Soll ich dir helfen, Oma?", fragt Trixi. Oma reicht ihr ein Brettchen, ein Küchenmesser und eine Tomate: „Die kannst du schon mal in Scheiben schneiden, für den Salat."

„Oma, bist du jetzt sehr traurig?"

„Nur ein bisschen, morgen ist wieder alles gut, Trixi!", bringt Oma ein verkniffenes Lächeln zustande.

Kleiner Streit

EINSTIEGSIMPULSE:
1. Um jeden Preis auffallen. Was fällt euch dazu ein? Wann stört es?
2. Jemand sucht permanent Aufmerksamkeit in der Gruppe, egal womit. Was ratet ihr ihm im Guten?

NACHBEREITUNGSFRAGEN:
1. Kylie ist im Unterricht abgelenkt. Warum? Wozu führt das?
2. Warum stört Oskar den Unterricht? Was denkt ihr?

11. Oskar fällt auf

In der Pause tönt Oskar vor Kylie und seinen anderen Freunden: „Wetten, dass ich mich in Musik hinter den Jacken an der Garderobe verstecke?"

Kylie tippt sich an die Stirn: „Angeber, das traust du dich eh nicht!"

Als sie sich zwanzig Minuten später im Musikraum zu den Trommeltakten der Lehrerin und unter dem Thema *Freude* frei im Raum bewegen, fällt Kylie Oskars Wette wieder ein. Sie schaut sich nach ihm um und kann ihn unter den Klassenkameraden nicht ausfindig machen.

Plötzlich nimmt sie wahr, dass zwei der vielen Jacken, die im Raum an der Garderobe hängen, ziemlich ausgebeult aussehen. Als sie genauer hinschaut, entdeckt sie daneben eine Hand, die unauffällig zwischen all den anderen Jacken hervorlugt. „Oskar!", schießt es Kylie in den Sinn.

Nach einem erneuten flüchtigen Blick denkt sie: „Richtig, ein Ranzen steht vor seinen Füßen, so muss es sein! Der traut sich aber was …"

Plötzlich wird sie von der Lehrerin ermahnt: „Kylie, du machst gar nicht richtig mit! Welches Gefühl sollt ihr gerade zur Musik darstellen?"

Kylie erschrickt: „Ich weiß nicht, vielleicht Regen …?"

Die Mitschüler kichern, sogar der freche Oskar lacht unter seiner Jacke hervor, ohne dass die anderen es bemerken. Die Lehrerin macht die Augen schmal: „Kylie, ich fragte, welches Gefühl sollt ihr gerade darstellen, nicht welches Wetter?"

„Ääh, öm … ich weiß es nicht …", druckst Kylie herum.

Die Lehrerin fordert sie auf: „Dann wirst du jetzt die Trommel zum Gefühl der Freude übernehmen, damit du nicht aus dem Unterrichtsrhythmus fällst."

Kylie ist nun um einen regelmäßigen Rhythmus bemüht. Doch als sie Oskar mitten in der Schülerschar sichtet, wie er grinsend versucht das Gefühl *Freude* körperlich umzusetzen, kommt Kylie durcheinander und schwingt die Trommel eher holprig als freudig.

„Danke, das reicht!", übernimmt die Lehrerin lieber wieder selbst die Trommel. „Und nun drückt bitte das Gefühl Ärger aus!"

Kylie braucht es gar nicht zu spielen, dieses Gefühl spürt sie sowieso gerade in ihrem Körper, während Oskar noch voller Freude um sie herumtänzelt.

„Oskar, welches Gefühl sollt ihr gerade ausdrücken?", ermahnt die Lehrerin jetzt ihn. Nun flunkert auch ein bisschen Freude aus den Augenwinkeln von Kylie hervor, während sie sich ansonsten ganz der Trommel hingibt und ihrem Ärger freien Lauf lässt.

Kleiner Streit

EINSTIEGSIMPULSE:
1. Stellt euch vor, jemand möchte ständig bewundert werden. Stört euch das? Warum?
2. Jemanden bewundern und bewundert werden wollen: Wann ist das positiv für euch? Wann eher negativ?

NACHBEREITUNGSFRAGEN:
1. Wie verhält sich Willi seinen Kumpeln gegenüber? Wie reagieren Leon und die anderen Kumpel darauf? Eure Meinung dazu?
2. Warum verhält sich Willi auf diese Art der Gruppe gegenüber? Was glaubt ihr?

12. Ich habe viel Geld

Auf dem Spielplatz lehnt Willi sich lässig an den Pfosten der Rutsche. Er kramt in seiner Hosentasche, findet – zwischen einem Gummiband, Papierchen und allerlei anderen aufregenden Dingen – ein paar Münzen und zählt sie zusammen. Beeindruckt schauen ihm dabei seine Kumpel, die um ihn herumstehen, zu.
Er tut überrascht und pfeift anerkennend: „Fffff-ffffffffff! – Prächtig, prächtig, eine schöne Stange Geld habe ich da! Kommst du mit zum Kiosk, Leon?"
„Zum Kiosk?", Leon bekommt den Mund nicht wieder zu. „Da darf ich gar nicht hin, Papa hat gesagt, ich soll auf dem Spielplatz bleiben oder nach Hause kommen, spätestens um fünf Uhr!"

„Der Kiosk ist direkt um die Ecke, das ist wie auf dem Spielplatz!", hält Willi Leon das Geld unter die Nase, der den Geruch von nassem Schweiß gemischt mit Dreck und Metall wahrnimmt.
„Woher hast du denn das viele Geld?", fragt Mike mit butterweicher Stimme.
„Ach das, das ist bloß mein bescheidenes Taschengeld, zusammen mit dem Rest vom letzten Monat, ich konnte da gar nicht alles ausgeben, weil doch auch Tante Sigi mir noch Geld geschenkt hat."
Leon zieht die zu kurz gewordenen Ärmel seines ausgedünnten Fleecepullis lang: „Wie viel Taschengeld bekommst du denn? – Ich bekomme noch gar keins …"
„Das willst du wohl wissen, was? Es ist mein Geheimnis", genießt Willi die Stille um sich herum. „Und ich kann jederzeit mehr haben, dann muss ich allerdings zu Hause mitarbeiten. Müll runterbringen bringt 50 Cent, mein Bett machen 30 Cent …"
„Wie bitte?", Mike glaubt seinen Ohren nicht. „Komm, lass uns zum Kiosk gehen, wenn Leon sich nicht traut! Da gibts grad Kaugummis mit Blubber …"
Leon ist sauer und gibt sich uninteressiert: „Was heißt, ich trau mich nicht? Ich mag nur kein Kaugummi mit Blubber!"
Willi wirft seine Münzen einzeln hoch und fängt sie gekonnt locker wieder auf: „Leon geht mit oder keiner, basta! Es ist schließlich mein Geld und ich bestimme, was ich dafür kaufe. So!"
Leon fragt etwas rot im Gesicht: „Kannst du uns denn was Kleines mitbringen? Nur so'n einfaches Gummi-Teil oder eine ganz kleine Gummi-Schlange?" Er schluckt.

Zwei weitere Jungen, die auch um Willi herumstehen, fahren nervös mit den Füßen über den Sand.
„Na, mal schaun, Leute! Also, dann bis gleich …", damit geht Willi federnden Schrittes in Richtung Kiosk und seine Kumpel verfolgen ihn mit Blicken seines Wegs, bis er um die Ecke biegt. Leon kratzt sich durch einen Riss in der Hose das Knie.

Kleiner Streit

EINSTIEGSIMPULSE:
1. Erfindet eine Situation, in der jemand aus einer Gruppe etwas im Alleingang durchsetzt. Wie ist das für die anderen aus der Gruppe?
2. Wenn ich etwas allein in der Gruppe durchziehe, sehen die anderen z. B., wie gut ich in der Sache bin. Oder können sie es auch anders sehen?

NACHBEREITUNGSFRAGEN:
1. Die Mannschaft hat ein Volleyballspiel gewonnen und Lissi hat dabei ordentlich Punkte gesammelt. Worin liegt das Problem?
2. Was glaubt ihr, was möchte Lissi selber dagegen tun?

13. Ich gewinne für uns

Lissi, Maries große Schwester, kommt abends vom Volleyballspiel nach Hause. Die ganze Familie wartet bereits am Abendbrottisch auf sie. Doch Lissi sieht wütend aus, würdigt ihre Familie keines Blickes, dampft ab in ihr Zimmer, schließt die Tür und donnert immerzu einen Flummi abwechselnd an Boden und Wand.

Marie sorgt sich um ihre große Schwester: „Hoffentlich hat niemand Lissi wehgetan!"

„Sie soll aufhören, mit dem Flummi einen solchen Krach zu machen, die Nachbarn unter uns flippen sonst wieder aus!", befürchtet der Vater und geht zu Lissi an die Tür: „Lissi, Schluss damit! Du schaffst es noch, die ganze Nachbarschaft gegen uns aufzubringen!"

„Ich weiß schon, alle haben was gegen mich!", dringt eine verschnäuzte Stimme durch die Zimmertür. Marie ist ihrem Vater nachgegangen und möchte gern helfen. Sie kann es nicht ertragen, wenn einer leidet, schon gar nicht jemand aus der Familie.

„Lissi, was ist denn los?", fragt der Vater etwas sanfter. Nun gesellt sich auch Mama mit der kleinen Ommel auf dem Arm hinzu.

Dann kommt Lissi heraus: „Was wollt ihr denn alle hier?", schnieft sie.

„Wer hat dir was getan?", fragt Marie mit geballter Faust. Sie überlegt, ob sie gemeinsam mit ihren Klassenkameraden aus der Grundschule etwas gegen einen Fiesling ausrichten könnte, der ihre große Schwester aus der 7. Klasse ärgert. Dann kann sich Lissi nicht mehr zurückhalten und es sprudelt aus ihr heraus: „Beim Volleyballspiel habe ich die meisten Punkte gemacht. Ganz oft habe ich den Ball über das Netz und auf den Boden gedonnert, ich war top in Form. Meine Mannschaft hat schließlich gewonnen …"

„Hey, das ist doch toll!", freut sich die Mutter und weiß nicht, was sie von der Sache halten soll.

„Ja, aber", wimmert Lissi, „mein Trainer hat gesagt, ich habe Fehler gemacht und hat mir einen Vortrag gehalten, anstatt mich zu feiern!"

Die Mutter schnaubt: „Na, den Trainer rufe ich gleich mal an! Wie kann er jemanden niedermachen, der erfolgreich ist? Er hätte dich loben sollen. Vielleicht sollte deine Mannschaft den Trainer wechseln?"

Doch Lissi winkt ab: „Meine Mitspielerinnen waren auch enttäuscht von mir. Sie und mein Trainer haben bemängelt, dass ich den Ball kaum an die anderen abgegeben habe."

„Nun ja", überlegt der Vater, „das geht tatsächlich nicht, dass man bei einem Gruppenspiel alles im Alleingang durchzieht."

„Ich rufe den Trainer trotzdem an …", ereifert sich die Mutter weiter. Sie möchte ihre Tochter Lissi neben Ommel in den Arm nehmen, doch diese wehrt das ab, als müsste sie erst einmal alleine mit sich ins Reine kommen. Schließlich wird ihr bewusst: „Sie haben Recht, so kann ich nicht in der Mannschaft bleiben, wenn ich weiter mein Ding durchziehe. Aber manchmal glaube ich, dass ich etwas besser kann als die anderen und die nicht wirklich kämpfen …"

Marie bekommt Bauchweh: „Du musst doch nicht alles richtig machen, Lissi! Auch ich mache noch manchmal einen Fehler, obwohl ich schon in der Schule bin, im Gegensatz zu Ommel. Das müssen dein Trainer und die Mädchen aus der Mannschaft eben einsehen."

„Demein … demein!", findet Ommel auf Mamas Arm und schaut dabei so böse und grimmig, wie sie nur kann.

Darüber lacht Lissi: „Ist schon gut, Ommel! Ich weiß, wie ich mir da raushelfe. Komm mal her auf meinen Arm …"

Das Lachen von Lissi tut Marie gut und ihr Bauch entspannt sich schnell wieder: „Warum stehen wir hier alle herum, wenn es doch Essen gibt? Soll ich euch was sagen: Ich habe solch einen Kohldampf! Und wisst ihr eigentlich, was mir heute passiert ist …?"
„Nein, erzähl!", fordert Lissi sie neugierig auf.

 **Kleiner Streit**

EINSTIEGSIMPULSE:
1. Stellt euch vor, jemand kann etwas besonders gut. Er zeigt es stolz seinen Freunden. Doch er kommt nur besserwisserisch rüber. Was haltet ihr davon?
2. Jeder kann etwas – vielleicht kann der eine dies und der andere das besser. Ist das in Ordnung so?
3. Soll man sein Können verstecken oder nicht? Wann und warum benutzt jemand sein Können, um jemand anderen abzuwerten?

NACHBEREITUNGSFRAGEN:
1. Warum kränkt Niko seine Schwester Maxi mit seinem Verhalten?
2. Kann er etwas daran ändern? Gebt ihm einen Rat.

14. Davon verstehst du noch nichts!

Niko kocht leidenschaftlich gern. Wenn er groß ist, möchte er auf jeden Fall Koch werden. „Gibts was zum Schnippeln für mich?", fragt er seine Mutter, als sie für das Mittagessen Gemüse aus dem Kühlschrank holt.

„Ach Niko, heute muss es schnell gehen, wir müssen später noch zum Zahnarzt. Beim nächsten Mal kannst du wieder helfen, ja?"

„Dann geht es doch schneller, wenn ich dir helfe!", protestiert Niko.

„Na ja, dafür haben wir dann mehr Abwasch und ich muss gucken, dass du das Messer richtig hältst …", sie gibt Niko zum Trost einen Kuss auf die Stirn. Niko geht trotzdem zur Schublade, holt ein Küchenmesser und ein Brettchen heraus: „Du musst nicht auf das Messer gucken!" Die Mutter wägt ab, ob es länger dauert über die Sache zu diskutieren, zu schimpfen oder sie zu verbieten. Schließlich lässt sie Niko einfach machen.

Wenig später kommt Nikos kleine Schwester Maxi herein und fragt: „Mama, heute will ich auch mithelfen, ja?"

„Ach Schatz, wir sind in Eile …", klappert die Mutter mit den Kochutensilien herum. Niko zerkleinert Paprika in Stückchen und sagt zu seiner Schwester: „Davon verstehst du noch nichts! Du hast gar keine Übung im Kochen, lass uns nur machen. Sonst wird die Zeit knapp …"

Seine Schwester ist sauer: „Du blöder Hammel, nur weil du mal in zwanzigtausend Jahren Koch werden willst, kannst du es nicht gleich besser als ich!"

„Kann ich doch, kann ich doch!", entgegnet Niko und schneidet dabei extrafeine Paprika-Schnipsel.

Maxi brodelt innerlich: „Ich werde dir schon zeigen, wie ich kochen kann. Morgen mache ich ein 8-Gänge-Menü in der Puppen-Küche. Und du darfst nicht mithelfen und nicht probieren! Ich lade meine Freundinnen dazu ein. So! Und jetzt gib endlich das Messer her!"

„Vorsicht Kinder, das ist ein scharfes Messer! Wenn ihr streitet und auch sonst, dürft ihr nicht mit dem Messer herumfuchteln. Niko, entweder du lässt Maxi jetzt mitmischen oder ihr hört beide auf! So ein Gezeter, wie soll ich heute nur alles schaffen? Könnt ihr nicht einfach nett zusammen spielen, vielleicht Quartett? Das wäre doch eine feine Sache!"

„Te, ich will kein Koch mehr werden! Ich werde jetzt … werde jetzt Kranführer. Hier, hier ist das Messer, dann viel Spaß beim Essen verderben. Ich bin gespannt, was da bei dir für ein Matsch herauskommt …", reagiert Niko beleidigt.

„Affe!", brüllt Maxi und rennt auf den Dachboden.

„Schaf!", brüllt Niko zurück und rennt in den Keller.

Ein Streit eskaliert

EINSTIEGSIMPULSE:
1. Wenn zwei sich streiten: Trägt dann in der Regel nur einer die Verantwortung oder eher beide?
2. Wenn jemand dem anderen allein die Verantwortung für einen Streit zuschiebt, obwohl er den Streit genauso mitverursacht hat, warum macht er das und vertuscht damit quasi seine Mitverantwortung?

NACHBEREITUNGSFRAGEN:
1. Kloppi sagt nach dem Streit: „Reinhard hat angefangen!" Seht ihr das genauso? Warum sagt Kloppi das? Wie fühlt sich Reinhard dabei?
2. Der Streit ist immer heftiger geworden, schließlich kommt es sogar zu einer körperlichen Auseinandersetzung. Warum?

15. Der hat angefangen!

Die Lehrerin kommt in die Klasse und bleibt zunächst im Türrahmen stehen. Kloppi und Reinhard schubsen sich gegenseitig, die Mitschüler stehen ratlos drumherum. Verärgert geht die Lehrerin dazwischen: „Was ist hier los? Müsst ihr zwei immerzu zanken? Habt ihr nichts Besseres zu tun?"

Kloppi befühlt seine Schramme im Gesicht: „Reinhard hat angefangen und mir das Gesicht zerkratzt!"

Die Lehrerin erschrickt als sie das Gesicht sieht, aber meint: „Na, das Gesicht hat er dir wohl nicht gleich zer-

kratzt. Aber hast du ihm etwa diese Schramme zugefügt, Reinhard?"
Reinhard fängt an zu schwitzen, er weiß gar nicht, was er darauf antworten soll. Seine Gedanken gehen alle durcheinander. Schließlich sagt er ganz ruhig, wie ein Automat: „Du hast mich vorher an den Haaren gezogen!"
Kloppi stemmt seine Arme in die Hüften: „Ey, das habe ich gemacht, weil du mich gekniffen hast!" Einen Augenblick lang ist es ganz still. Ungeduldig meint die Lehrerin: „Reinhard, hast du ihn gekniffen? Warum tust du sowas?"
„Er hat meine Tante beleidigt!", gibt Reinhard knapp von sich. Kloppi schüttelt den Kopf: „Du hast einen Knall! ich kenne deine Tante doch gar nicht."
„Keine Beschimpfungen, bitte!", raunt die Lehrerin.
Reinhard spricht kühl zu Kloppi: „Du hast zu mir gesagt: *Du bist ja behindert!* … Und meine Tante ist behindert. Sie ist behindert und lieb und meine Tante!"
Kloppi regt sich auf: „Ey, das sagt man eben, ganz normal. Du hast mich gekratzt, ey."
„Eben nicht, so spricht man nicht!", meint Reinhard.
Die Lehrerin lenkt ein: „Jetzt weiß ich, wo der Läufer hinkt. Ich glaube kaum, dass Reinhard allein angefangen hat. Hm, eigentlich müssen wir längst für die Klassenarbeit in der nächsten Woche üben, aber es nützt nichts, wir werden uns noch ein paar Minuten lang über diesen Streit unterhalten müssen. Setzt euch, alle! … Beeilt euch! …"

Ein Streit eskaliert

EINSTIEGSIMPULSE:
1. Ein Mensch provoziert einen anderen. Warum? Nennt Beispiele.
2. Auf Provokationen eingehen oder nicht?

NACHBEREITUNGSFRAGEN:
1. Lässt sich der Junge aus der Geschichte von Hugos Vater vom Walfisch provozieren? Wie? Wie reagiert wiederum der Wal darauf?
2. Hugos Vater ermuntert seinen Sohn, die Geschichte von Anfang an oder ab der ersten Provokation durch den Walfisch neu zu erzählen und eher positiv ausgehen zu lassen. Tut es ihm gleich!

16. Blödmann! – Wie bitte? – Blödmann!

Nach dem Abendbrot wäscht sich Hugo. Als die Haustür geht, fällt er seinem Vater in die Arme, der gerade seinen Mantel ablegen will und sehr abgearbeitet wirkt. Nun verlässt die Tagesmutter die Wohnung der beiden, die hier ohne Hugos Mutter wohnen.
„Leg dich schon mal ins Bett, Hugolein! Ich komm gleich und erzähle dir eine Geschichte."
Hugo möchte lieber bei Papa bleiben, während der *ankommt*, wie sein Vater das Nachhausekommen von der Arbeit nennt. Aber er weiß, dass Papa dann oft schlecht gelaunt ist und die Gutenacht-Geschichte ausfallen lässt. Darum geht er in sein Bett und wartet ungeduldig auf ihn.

Nach dem *Ankommen* freut sich sein Vater wenig später an Hugos Bett über das kleine Bild mit Papprahmen, das Hugo ihm mit der Tagesmutter erstellt hat.

Mittlerweile hundemüde bestaunt er es: „Die Katzen hast du gut getroffen, Hugo! Es ist sogar fertig gerahmt, dann werde ich mir das Bild morgen ins Büro hängen."

Dafür gibt er seinem Sohn einen Kuss und noch einen einfach nur so.

Hugo denkt fröhlich: „Wenn es für ihn Katzen sind, sind es für ihn Katzen. Eigentlich sind es Tiger, aber das wird er schon noch eines Tages erkennen."

Als sein Vater am Bett sitzend einnickt, erschrickt Hugo und rüttelt ihn wach: „Papa, Papa, wach auf! Du musst mir noch die Geschichte erzählen, das hast du mir versprochen …"

Sein Vater zuckt zusammen und schreckt aus seinem Sekundenschlaf auf: „Natürlich, natürlich, Hugolein, erzähl ruhig weiter, ich höre wieder zu …"

„Nein, du musst die Geschichte erzählen!", lacht Hugo über die Schlaftrunkenheit von seinem Vater.

Sein Vater knüpft jetzt an seinen Blitztraum an:

„Ein kleiner Junge von ungefähr 8 Jahren geht eine endlos lange Landstraße entlang, als ein Walfisch ihm entgegenkommt, der über die Straße walzt: *He, Blödmann, zieh Leine, sonst mach ich dich platt!*

Der Junge antwortet: *Wie bitte?*

Daraufhin erwidert der Wal: *Blödmann!*

Der Junge nimmt seinen ganzen Mut zusammen: *Sag das noch mal!*

Blödmann!, grunzt der Wal.

Na warte …!, der Junge mimt einen Kung Fu-Meister. Der Wal fackelt nicht lange und rollt dem Jungen über den

Fuß und weiter dahin. Hinterher rattert ein Haifisch auf einem Surfbrett mit Rädern daher. Als er vor sich auf der Straße das Häufchen Elend hocken sieht, nimmt er Wind aus dem Segel. Im Nu bringt er schließlich den Jungen zu einem Heiler, von dem er noch immer am Fuß behandelt wird …"

Hugo beschwert sich: „Papa, das ist eine dumme Geschichte, die ist zwar spannend, aber hört so traurig auf. Ich will aber gut schlafen können!"

„Na gut, Hugolein", gähnt sein Vater, „dann schildre du die Geschichte noch mal anders und lass den Schluss eher positiv ausgehen. Stell dir vor, du bist der Junge auf der Landstraße, als dich der Wal erstmals provoziert. Wie würdest du auf ihn reagieren?"

Hugo überlegt und malt die Geschichte dann anders aus. Nach seinem neu erfundenen Ende kann er viel besser einschlafen.

Ein Streit eskaliert

EINSTIEGSIMPULSE:
1. Was ist *seelische Gewalt*?
2. Was bedeutet *Mobbing*? Tut man jemandem Gewalt dabei an?

NACHBEREITUNGSFRAGEN:
1. Was macht Ringo mit Eric im Holzhaus. Wie mobbt er ihn? Warum? Was macht das mit Eric?
2. Annika geht anders als Ringo mit Eric um. Vergleicht. Tut Eric Annikas Verhalten ihm gegenüber gut und stärkt es ihn gegen Ringos Mobbing-Attacken?

17. Hier kommt keiner mehr rein!

Im Unterricht liest die Lehrerin eine Fabel vor. Eric hört einen Moment lang zu. Dann beschäftigen ihn Fragen, viele Fragen. Er fragt Annika laut: „Hat deine Maus eigentlich ein pinkfarbenes Fell?"
„Pssst", macht die Lehrerin und liest weiter vor.
Eric findet schade, dass er von Annika keine Antwort bekommt.
Jetzt möchte er Ringo etwas berichten, der auf der anderen Seite des Klassenzimmers sitzt: „Meine Mutter hat deine gestern in der Spielwarenabteilung getroffen." Ringo winkt ab. Die Förderschullehrerin, die bei Eric sitzt und ihn öfters im Unterricht zusätzlich zu den Fachlehrern betreut, flüstert ihm zu, dass sie beide jetzt für einen Mo-

ment im Nebenzimmer weiterarbeiten. Eric findet das wieder schade, gern wäre er bei den anderen geblieben. Später, in der Pause, geht Eric zu den Holzhäusern auf dem Schulhof.

Als er in das erste eintreten will, sagt Ringo von innen: „Hier kommt keiner mehr rein!"

„Und warum?", fragt Eric, „Unsere Mütter haben sich auch gestern in der Spielwarenabteilung unterhalten."

„Das ist mir völlig egal!", ist Ringo schlecht gelaunt. „Du störst andauernd den Unterricht und alles geht deinetwegen total langsam. Ich will noch Mittlere Reife machen und nicht deinetwegen auf unterstem Level hängen bleiben. Das hast du jetzt davon!"

Eric glaubt nicht, was er hört, zwängt sich in das Haus, vorbei an Ringo, der den Türhüter gibt, und möchte von ihm wissen: „Kann ich dich mal was fragen?"

Ringo hält sich die Nase zu und sagt zu den Klassenkameraden im Haus: „Kommt, wir gehen raus! Es reicht, dass er uns im Unterricht mit seinen dämlichen Fragen belästigt, dann muss er uns nicht noch hier draußen die Luft verpesten."

Eric bleibt allein im Holzhaus zurück. Er setzt sich auf die Bank und eine lähmende Schwere überkommt ihn. Annika und Emily aus seiner Klasse schauen von außen durchs Fenster herein: „Dürfen wir eintreten?"

„Na klar", ist Eric erleichtert. „Annika, hat deine Maus nun ein pinkfarbenes Fell oder nicht?"

Als Emily losprustet, sagt Annika zu ihr: „Was gibts denn da zu kichern? Es ist toll, Eric macht, dass meine Maus pink ist. Man braucht sich das bloß vorzustellen."

„Findest du?", Emily ist verunsichert.

„Logo!", setzt sich Annika auf der Bank neben Eric. „Hast du vielleicht noch eine Frage an mich …?"
Kurz darauf zieht Ringo mit seinen Leuten am Häuschen vorbei. Als sie die muntere Gesellschaft drinnen sehen, fühlen sie sich unwohl.
Eric schaut aus dem offenen Fenster zu ihnen: „Habt ihr noch eine Frage?"

Ein Streit eskaliert

EINSTIEGSIMPULSE:
1. Körperliche Gewalt ist gefährlich. Wie schützt ihr euch und andere davor? Ist körperliche Gewalt erlaubt?
2. Wenn ein Streit gewaltsam ausufert, macht es da Sinn, sich prügelnde Menschen noch anzufeuern?
3. Wenn einer bei einer Prügelei bereits hilflos am Boden liegt und dann noch mal vom Überlegenen draufgehauen wird usw., dann ist das besonders brutal. Warum?
4. Man sagt, im Gegensatz zu heute, gab es früher bei Handgreiflichkeiten wenigstens eine gefühlte Grenze: Wenn z. B. einer hilflos am Boden lag war Schluss und der Überlegene trat nicht weiter zu. Vergleicht früher und heute. Übertragt die Situation der Grenzüberschreitung auf ähnliche Fälle und bildet euch ein Urteil darüber.

NACHBEREITUNGSFRAGEN:
1. Udo wurde von seinem Vater geschlagen. Ist das erlaubt? Wie geht es Udo damit? Udo tut nun für selbst erlittene Schläge jemand anderem weh. Warum? Darf das sein?
2. Warum feuern Udos Kumpel ihn bei der Prügelei an? Was empfinden die Kumpel beim Zuschauen? Udo fühlt sich gegenüber Tom im Recht und meint ihm überlegen zu sein. Warum?
3. Wohin führt der Gewaltakt? Wie geht es Tom damit? Wie wird Tom und auch Udo geholfen?

18. Udo! Udo! Udo!

Udo ist gekränkt. Sein Vater hat ihm eine kräftige Ohrfeige verpasst, nur weil er fünfzehn Minuten zu spät vom Spielen nach Hause gekommen ist. Dabei hatte er keine Uhr dabei und ein Freund hatte ihm eine falsche Uhrzeit genannt. Sein Vater ist betrunken und dadurch saß seine Hand eben ein bisschen locker. Udo weiß genau, dass sein Vater ihn gar nicht schlagen darf.

Udo ist am nächsten Tag angriffslustig. Im kleinen Stadtpark kommt ihm Tom in die Quere, den er aus seiner Schule kennt. Udo wird handgreiflich. Schließlich rangeln die beiden miteinander. Dabei hält ihn Tom an einem Ärmel fest, sodass dieser einreißt, als sich Udo lösen will. „Entschuldigung!", sagt Tom fast flehend, als er sieht, was er angestellt hat.

Udo sieht voraus, was sein Vater zu dem Riss sagen wird, und erwidert wutentbrannt: „So kommst du mir nicht davon, dafür wirst du büßen!"

Tom wehrt ab: „Ich sagte, es tut mir leid. Vielleicht kann ich den Ärmel nähen …"

Udo ist Tom körperlich überlegen und packt ihn vorn an der Jacke. Zu seinen Kameraden, die um die beiden herumstehen, sagt er: „Tom hat mir die Jacke zerrissen und jetzt will er sich verpieseln, als ob nichts gewesen wäre …" Er gibt Tom eine Ohrfeige. Das befreit ihn für einen Moment von seiner Angst vorm Vater.

Tom gerät in Panik, er weiß, dass er körperlich nicht besonders stark ist. Jetzt schreit er lauthals los und haut gleichzeitig blind um sich, das gibt ihm Kraft. Dabei trifft er Udo mehrfach. Udo schäumt innerlich und fühlt sich mit seinem kräftigen Körperbau, den er nun besonders

zur Schau stellt, Tom weit überlegen: „Seht ihr, wie der draufhaut? Wir werden ja sehen, wer stärker ist …"
„Udo! – Udo! – Udo!", feuern ihn seine Kumpel an. Es macht ihnen Spaß dabei zu sein, wie Udo – aus ihrer Sicht – für *Gerechtigkeit* sorgt: „Udo! – Udo! – Udo!"
Hilfesuchend schaut sich Tom nach seinem Freund Gero um, der eben noch mit ihm Federball gespielt hat, doch er ist wie vom Erdboden verschluckt. Tom fühlt sich verlassen und hilflos. Große Angst überkommt ihn und der Schweiß läuft an ihm herunter. Udo holt aus und trifft Tom in den Bauch. Tom taumelt und fällt hin. Für einen Moment bleibt ihm die Luft weg. Wieder will Udo ausholen, weil er seine Macht genießt und sie weiter vor Publikum auskosten will, als ihn seine Kumpel warnen: „Stopp, Udo! Da ist was passiert: Der ringt um Luft. Lass ab von ihm!"
Tom liegt im Dreck, aber der Atem fließt wieder, als Sanitäter angelaufen kommen und sich um seinen Gesundheitszustand kümmern. Auch die Polizei stürmt herbei, dahinter Toms Vater und mit einigen Metern Abstand Gero, Toms Freund, der sich klammheimlich aus dem Staub gemacht hat, um Hilfe zu holen, als die Keilerei aus dem Lot geriet.
Im Arm seines Vaters weint Tom viele Tränen.
Zu Hause wickelt ihn seine Mutter in eine dicke Decke ein und kocht ihm eine warme Suppe. Wenn es nach Tom ginge, so würde er in der nächsten Zeit überhaupt nicht mehr aus dem Haus treten. Es folgen viele in gleicher Weise unangenehme wie befreiende Gespräche mit den Eltern, einigen Lehrern, der Polizei und dem Jugendamt, bis sich Tom langsam wieder unter Kinder traut.

Als Udo nach der Prügelei von der Polizei nach Hause gebracht wird, fängt er sich gleich wieder eine Ohrfeige von seinem Vater ein. Auch für Udo und seine Eltern folgen viele Gespräche. Schließlich muss sein Vater in einer Klinik einen Alkoholentzug durchführen. Das ist für Udo der Stand der Dinge.

Ein Streit eskaliert

EINSTIEGSIMPULSE:
1. Es gibt viele Familienformen: Was bedeutet biologische Eltern, was sind Adoptiveltern?
2. Was genau ist *Petzen*? Was haltet ihr davon?
3. Unterscheidet, wenn Gewalt im Spiel ist: Manchmal gibt es düstere Geheimnisse, die besser jemand Vertrautem erzählt werden sollten, weil sonst Personen zu Schaden kommen können. Dann ist das kein Petzen! Beispiele?

NACHBEREITUNGSFRAGEN:
1. Wie verhält sich Nana Jonny gegenüber? Warum petzt sie wohl und gibt Jonny allein die Schuld am Streit? Was löst ihr Verhalten bei Jonny aus? Wie verhält er sich daraufhin Nana gegenüber?
2. Der Streit und Jonnys Wut halten an und werden sogar eher schlimmer. Wie könnte dieser Teufelskreis durchbrochen werden? Habt ihr Vorschläge?

19. Mutschka, immer muss der Jonny mich ärgern!

Jonny telefoniert von seinem neuen Zuhause aus mit seiner Mutter.
Er fragt sie: „Mama, warum wohne ich nicht mit dir zusammen?"
Seine Mama druckst herum: „Na, weil ich eine sehr junge, noch jugendliche Mama bin und selbst noch zur Schule gehe. Ich fühle mich im Moment damit überfordert, für dich als Mutter allein verantwortlich zu sein. Darum haben dich deine Adoptiveltern zu sich genommen. Du hast es dort gut und lebst sogar mit deiner neuen Schwester Nana zusammen."
Seine Füße aneinander rubbelnd, meint Jonny nach einer Pause: „Ja, ich weiß. Aber ich glaube, Nana mag mich nicht. Weil … weil sie immer ihrer Mutter sagt, was ich angeblich alles Böses tue, und die schimpft dann mit mir. Ich weiß gar nicht, was ich Böses tue. Manchmal … manchmal ärgere ich Nana, weil sie doch immer die Prinzessin ist oder die Prinzessin sein möchte … Mama, können wir jetzt auflegen?"
„Wie du willst, Jonny. Ich mache dann weiter Hausaufgaben. Morgen schreiben wir eine Arbeit in Physik. Stark, Freitagabend geh ich bei Alva auf die Fete. He, vielleicht bildest du dir das mit Nana nur ein, du?"
„Och, vielleicht, vielleicht auch nicht, das ist mir doch schnuppe", Jonny legt auf, rutscht vom Stuhl herunter und geht zu seiner Adoptiv-Mutter Jelena und seiner Schwester Nana in die Küche. Nana sitzt gerade bei Jelena auf dem Schoß und beide schmusen. Als Jonny mitschmusen will, sagt Nana zu Jelena: „Mutschka, immer

muss der Jonny mich ärgern! Gestern hat er mir auf dem Schulhof die Zunge rausgestreckt. Und heute hat er in der Klasse mit einem Papierflieger auf mich gezielt und vor allen gesagt, mein schönes neues Kleid sei hässlich und es sähe blöd an mir aus. Der Jonny stört mich, er soll weggehen!"

„Jonny, das sagt und macht man aber nicht!", schüttelt die Mutter mit dem Kopf und nimmt ihre Hand von Jonnys Schulter. „Sei nett zu deiner Schwester!"

Am Abend stellt sich Nana auf dem Sessel im Eingangsbereich schlafend und hält ihre Stoffbiene neben ihr Gesicht, als ihr Vater von Besorgungen nach Hause kommt. Er winkt Jonny zu, lächelt über seine schläfrige Tochter und schleicht sich in die Küche.

Gleich darauf schlägt Nana die Augen auf und fragt Jonny: „Hast du gesehen, wie ich geschlafen habe, mit meinem Bienchen am Kopf? Sah ich nicht niedlich aus?"

Als Jonny bloß die Wangen aufbläst, die Augen aufreißt und nicht antwortet, rennt sie nebenan zum Vater, der gerade die Mutter küsst, und beschwert sich: „Der Jonny hat mich schon wieder geärgert!"

Als Jonny hinterherläuft, um den Vater zu begrüßen, schaut der ihn streng an und es ist dicke Luft. Jonny ahnt, was passiert ist und wird wütend. Am liebsten würde er jetzt seiner Schwester die Haare zerwühlen, ihr Zimmer völlig durcheinanderbringen und ihr Prinzessinnen-Kleidchen in lange Fransen zerschneiden …

Ein Streit eskaliert

EINSTIEGSIMPULS:
Jeder Mensch ist gleich viel wert. Es gibt Menschen, die das nicht so sehen. Wie kann man sich bei Übergriffen verhalten, bei denen jemand, nur weil er anders ist, klein-, schlechtgemacht oder bedroht wird?

NACHBEREITUNGSFRAGEN:
1. Wieso fühlen sich die Jungen Nummer 1 bis 3 zunächst als etwas Besseres als *das grüne Entlein*? Als *das grüne Entlein* sich seine Würde und seinen Stolz nicht nehmen lässt, werden die drei kleinlauter. Was ist passiert?
2. *Das grüne Entlein* will sich nicht kleinkriegen lassen und wird sich mit dem Vorfall u. a. an die Lehrerin wenden. Ist das Petzen oder Notwehr?

20. Das grüne Entlein ist dreckig

Die letzten drei Stufen der Treppe im Nebentrakt springt *das grüne Entlein* herunter, dabei fällt es fast in die Arme dreier Jungen, die an der Schule als Raufbolde bekannt sind, diese bleiben auch prompt stehen und versperren ihm den Weg.

Nummer 1 meint zu den anderen: „Seht mal, *das grüne Entlein* ist dreckig."

Nummer 2 haut in dieselbe Kerbe: „Hä, es hat heute noch nicht gebadet."

„Ferkel!", sagt Nummer 3, nur um den anderen zu beweisen, dass auch er Mut hat.

Am liebsten würde sich *das grüne Entlein* wie ein Gespenst auflösen und durch die Wand entgleiten. Es versucht ein Lachen und quetscht mit bebender Stimme heraus: „Lebt ihr noch im Mittelalter? Habt ihr nicht mitbekommen, dass sich die Zeiten geändert haben? Und jetzt lasst mich durch …"
Die Jungen bleiben wie festbetonierte Säulen, breitbeinig und mit eisigen Gesichtern vor ihm stehen. „Mein Bruder findet", tut Nummer 2 überlegen, „*grüne Entlein* wie du, ihr sollt dahin zurückgehen, wo ihr hergekommen seid, in den Teich!"
Das erzwungene Lachen wechselt beim *grünen Entlein* zum erzwungenen Lächeln.
„Hast du aber ein schönes Lächeln, so schön Entengrützen-Grün", meint Nummer 1 bittersüß.
Das Lächeln verlässt *das grüne Entlein*. Es wendet sich an die Nummer 2: „He, gehst du nie im Teich baden? Wir können gemeinsam darin schwimmen."
„Pass auf, was du sagst, grüne Schnatterente", fühlt sich Nummer 2 nicht ernst genommen.
Als Nummer 1 bis 3 mit sich beschäftigt sind, wegen der Verwirrung, die *das grüne Entlein* kurz in ihnen ausgelöst hat, entschwindet es aufrecht durch ihre Mitte. Die Nummer 3 sagt zu den anderen: „Scheiße, sind wir zu weit gegangen? Wenn es das dem Schulleiter erzählt und wir fliegen …"
„Wir mussten dir wohl helfen, wenn du sowas lostrittst", schimpft Nummer 2 mit Nummer 1.
Kleinlaut muckt Nummer 1 auf: „Es hätte wenigstens Entenwäsche machen können …"
Das grüne Entlein geht niedergeschlagen in die restliche Pause. Doch dann bleibt es stehen und denkt: „Das lass

ich nicht mit mir machen. Gleich sag ich's der Lehrerin und meinen Freunden. Die drei Typen können mich mal! Ich gehe nicht zurück ins Mittelalter!"

Ein Streit eskaliert

EINSTIEGSIMPULSE:
1. Was haltet ihr von sogenannten Ballerspielen auf Handy, PC etc.?
2. Euer Freund streitet sich handgreiflich mit jemandem. Mischt ihr sofort mit, weil euer Freund immer Recht hat und ihr zu ihm haltet?

NACHBEREITUNGSFRAGEN:
1. Lisa und Kira streiten und prügeln sich. Was war vorher los? Ihre jeweiligen Freunde ergreifen Partei, ohne darüber näher nachzudenken. Wohin führt das alles?
2. Wie ist die Gruppenkeilerei im Text beschrieben? Wirklichkeitsgetreu?

21. Halt du dich da raus!

„Pa-pa-pa-pam", schießt Kira beim Ballerspiel auf Marvins Handy-Spiele-Geburtstag munter drauflos.

„Pa-pa-pa-pam", donnert Lisa zurück, noch etwas unerfahrener mit dem Handy als Kira.

„Pam!", gibt Kira Lisas Gorilla-Figur den Todesschuss und Lisa ist stinkig.

Nun löst Marvins Mutter die jeweiligen Zweierspielgruppen auf und bugsiert die Kinder nach draußen: „Jetzt geht alle noch ein wenig in den Garten, bevor wir essen und ihr danach abgeholt werdet, ja?"

Vor der Tür nimmt Lisa einen Stock und richtet ihn auf Kira: „Päm-päm, du musst jetzt tot umfallen!"

Kira ist wütend: „Du darfst nicht auf mich zielen! Ich bin doch keine Zielscheibe."

Unbeirrt hält Lisa ihre Stock-Knarre in Schusslinie: „Päm-päm – und ob ich das darf, du hast ja auch auf mich gezielt, beim Spiel eben – päm- päm-päm …"

„Das war beim Spiel eben", erwidert Kira patzig.

„Das ist auch nur ein Spiel! Bum-bum …", tobt sich Lisa aus.

„Ziel auf den Ton-Vogel da, aber nicht auf mich!", fordert sie Kira auf.

„Mach ich nicht, mach ich nicht, bäm-bäm-bäm-bäm …", Lisa fühlt sich stark.

„Hier, nimm das!", gibt Kira Lisa eine saftige Backpfeife.

„Na warte, du Biest!", droht Lisa und teilt Kira einen Kinnhaken aus, sodass diese rückwärts zu Boden geht.

„Lass sofort unsere Freundin Kira in Ruhe, die hat dir nichts getan, sonst kannst du was erleben!", warnt sie ein Freund von Kira.

„Halt du dich da raus!", boxt einer von Lisas Freunden den Freund von Kira mit Wucht, sodass der in hohem Bogen durch die Luft fliegt und grob landet: „Autsch!"

Im Nu ist eine Gruppenkeilerei in Gange. Lisa und Lisas Freunde gegen Kira und Kiras Freunde. Das Getümmel lässt Staubwolken aus dem trockenen Boden aufsteigen. Weil niemand mehr richtig sehen kann, kämpft mittlerweile jeder gegen jeden. Alle sind nun wie ein Wollknäuel miteinander verkeilt.

Lisa sondert sich ab und ergreift eine Seil-Liane, die an einem Baum hängt. Sie fühlt sich wie Tarzan, als sie im Flug über die Rasselbande einige ihrer Feinde und ungewollt auch Freunde mit ihren Füßen umreißt: „Aiaiaiaiai-aiiiiiiiii …"

„Raaaaache!", grölt Kira, schwingt den Fausthammer und donnert Lisa ein blaues Auge ins Gesicht.

Das Menschenknäuel wird matter. Immer mehr bislang standhafte Mitstreiter fallen erschöpft nieder, bis schließlich alle darniederliegen und sich nicht mehr rühren. Lisas Zunge hängt schief aus ihrer durstigen Kehle heraus. Es sieht aus wie bei den Römern nach einer Schlacht.

Schließlich öffnet sich die Terrassentür und Marvins Mutter ruft: „Kinder, kommt ess… oh, meine Güte, meine Güte … ist das möglich? Ihr habt alle Beete zerwühlt. Wie seht ihr überhaupt aus? Seid ihr noch bei Trost? Was soll ich euren Eltern sagen? … Oh, meine Güte, meine Güüüüte …"

Ein Streit eskaliert

EINSTIEGSIMPULSE:
1. Über sich selbst und andere lachen kann positiv und befreiend sein. Aber es kann auch umkippen, wenn man über andere lacht, und ihnen schaden. Wann ist dieser Punkt erreicht?
2. Jemand macht einen anderen lächerlich: Wie reagiert man als Betroffener bzw. als Außenstehender angemessen darauf?

NACHBEREITUNGSFRAGEN:
1. Was macht Benny in der Klasse mit Uwe? Wie reagieren die anderen und Nicki darauf, dass Benny Uwe vor ihnen lächerlich macht? Was macht das Auslachen von Nicki und den anderen mit Uwe?
2. Stellt euch vor, die Geschichte endete anders: Die Klasse weist Benny in seine Schranken und stärkt Uwe den Rücken. Malt ein Bild zu diesem Schluss.

22. Der macht noch in die Hose!

Nicki und Uwe schlendern vergnügt an porösen braunen Hausmauern entlang. Auf dem Schulweg bemerken sie weder den Lärm der Autos noch die stickige Luft, die heute über der Stadt liegt. Manchmal greift sich Nicki an die ungepolsterten Schulterriemen von ihrem alten Ranzen, der schwer wiegt.

„Aus dem Weg, aus dem Weg!", tönt es hinter ihnen, als ihr Klassenkamerad Benny sie auf einem Roller überholt. „He, ist der neu?", brüllt Nicki ihm noch hinterher, doch Benny fährt ohne ein Wort zu sagen einfach weiter.

„Deswegen wollte er heute nicht bei uns mitlaufen!", pult Uwe ein Stück Brot aus seiner Zahnlücke hervor und erzählt einen Witz von Klein Schwuppdi und der ruppigen Berta, über den sich Nicki schlapp lacht.

Als beide in der Klasse ankommen, steht Benny wie ein Held da, den Helm unter dem Arm. Aufmerksam hören die Mitschüler, was er über seinen neuen Roller zu berichten hat: „Der geht voll krass in die Kurven und startet gleich mit 180!"

Mit Bewunderung in der Stimme fragt Nicki: „Gehst du jetzt nicht mehr mit uns zusammen zur Schule?"

Verächtlich meint Benny: „Äääh, ich geh doch nicht mehr mit Uwe zur Schule. Der macht doch noch in die Hose!"

„Stimmt gar nicht!", ist Uwe geschockt, weil plötzlich alle in der Klasse grinsen oder laut auflachen und ihn anstarren. Auch Nicki kann sich ein verschämtes Kichern nicht verkneifen: „Echt?"

Benny kostet die Situation aus: „Weil wir ja Nachbarn sind, sehe ich von meinem Zimmer aus immer die Wäsche von Uwes Familie auf ihrem Balkon. Da ist doch fast jeden Tag wieder Uwes Bettzeug dabei, das kann nicht normal sein …"

„Und was willst du dazu noch sagen, Uwe?", spielt die Klassenbeste Richterin.

Uwe fühlt sich wie nackt unter Fremden: „Du lügst, du lügst! Und wenn es so wäre, na und?"

Benny kaut genüsslich auf seiner Lakritzstange herum: „Seht ihr, er gibt es zu. Er gibt es zu. Hosennässer!"

Uwe strampelt wie um sein Leben: „Kennt ihr schon den Witz von Klein Schwuppdi und der ruppigen Berta? Nicki und ich, wir mussten eben voll darüber lachen, nicht?"

Nicki guckt zur Seite, schluckt und sagt: „Ach der, der hat doch so 'nen langen Bart!"

Am nächsten Tag schwankt Uwe an porösen braunen Hausmauern entlang. Auf dem Schulweg bemerkt er weder den Lärm der Autos noch die stickige Luft, die heute über der Stadt liegt.

Als er Nicki und Benny vor einem unbewohnten Haus voller Graffitis überholt, probiert Nicki gerade dessen Roller aus.

 **Ein Streit eskaliert**

EINSTIEGSIMPULSE:
1. Was ist *Erpressung*? Nennt Beispiele im Kleinen wie im Großen.
2. Erpressung: Was sind die Folgen für die Opfer?

NACHBEREITUNGSFRAGEN:
1. Was macht Sophie mit ihrem Bruder Morten? Warum? Könnt ihr Sophies Verhalten nachvollziehen? Wie wird sich Morten vermutlich fühlen?
2. Kann Morten etwas dafür, dass Sophie auf ihn neidisch ist? Was ist ihr Problem? Habt ihr einen Rat für Sophie, damit sie sich selbst besser leiden kann?

23. Die nächste Arbeit schreibst du schlechter als ich, sonst ...

Sophie ärgert sich. Ihr Zwillingsbruder Morten bekommt eine bessere Religions-Arbeit ausgeteilt als sie selbst.
„Das hast du ganz toll gemacht!", lobt ihn Frau Murks.
Eigentlich mag Sophie Frau Murks sehr, sehr gern. Aber jetzt? Morten strahlt seine Lehrerin an und in Richtung seiner Schwester. Doch seine Schwester beschäftigt sich plötzlich angestrengt damit, ihre zuvor abgelegte Armbanduhr wieder anzulegen. Es will ihr nicht gelingen, den Verschluss mit einer Hand zu schließen und den Dorn der Schnalle in das Loch des Armbands zu versenken. Je mehr sie es versucht, desto verstimmter wird sie. Schließlich packt sie die Uhr und wirft sie grob in ihr Scheren-Mäppchen.
Nach dem Unterricht geht Morten auf dem Schulhof fröhlich auf Sophie zu und meint mitfühlend: „Tut mir wirklich leid, Sophiechen, das mit deiner Arbeit. Blöde Noten!"
„Tut dir gar nicht leid. Du bist doch froh, dass es Noten gibt, du Streber!"
Bilder und Gefühle steigen in Sophie auf. Es schmerzt sie, dass sie anders als ihr Bruder leicht abstehende Ohren hat und seit neustem eine Zahnspange trägt. Von allem Übel der Welt scheint ihr Bruder stets verschont zu bleiben. Seit dem Zahnspangen-Dilemma sinken Sophies Noten prompt ab und ihr Bruder schnellt auf der Beliebtheitsskala von Ma, Pa und Frau Murks weit nach oben, während sie ganz unten herumdümpelt, so empfindet sie das zumindest. Diese Bilder verdichten sich und Morten erscheint ihr mehr ein Grobian als ein Bruder.

Sie denkt: „Es ist kaum zu glauben, dass ich anfangs monatelang mit ihm zusammen in einem Bauch gehockt habe. Wahrscheinlich hat er sich schon damals als Erster herausgedrängt und die Herzen unserer Eltern im Nu erobert. Während bei meinem Erscheinen die große Freude über den Nachwuchs schon abgeebbt war."

„Was ist los, Sophie? Geht es dir nicht gut? Soll ich Frau Murks holen …?"

„Frau Murks hat mir gerade noch gefehlt!", schießt es Sophie durch den Kopf und sie antwortet wie von Sinnen. „Weißt du was, Bruderherz? Die nächste Arbeit schreibst du schlechter als ich! Sonst sag ich Ma und Pa, dass du davon träumst, Sabina später zu heiraten. Sie mögen ihre Eltern überhaupt gar nicht und sind total mit ihnen verkracht. Diese Nachricht wird ihnen also gar nicht gefallen …"

„Oah, wenn du das verrätst, dann … dann …", bibbert Morten.

„Was, dann?", genießt Sophie die Hilflosigkeit ihres Bruders.

Mit verkniffenen Augen schiebt sie ihre spitze Nase gen Himmel und lässt ihren Bruder links liegen.

„Sophie? Sophie …?", brabbelt Morten, wie vor den Kopf geschlagen, vor sich hin.

Ein Streit eskaliert

EINSTIEGSIMPULSE:
1. Aus Spaß wird Ernst. Kennt ihr das?
2. Aus Ernst wird Spaß. Nennt Beispiele, wie das gelingt.

NACHBEREITUNGSFRAGEN:
1. Aus Spaß wird Ernst: Erzählt nach, wie das im Text dargestellt wird.
2. Warum halten die Jungen nicht einfach ihren zunächst verspielt harmlosen Streit an, als es erste Warnzeichen gibt? Wie können sie aus der Situation aussteigen? Helft ihnen mit Ideen.

24. Lass uns jetzt aufhören, das tut weh! – Ne!

Roko und Erwin sind Freunde. Auf dem Feld unweit des Hauses, in dem Roko wohnt, purzeln beide vergnügt und jauchzend miteinander über die grob aufgeworfene Erde. Dann fangen sie an, sich dabei zu knuffen und zu kabbeln, das bringt Spaß. Jetzt drückt Erwin Roko unter sich und hält ihn am Boden fest. Roko versucht wieder nach oben zu tauchen, doch Erwin verhindert das mit Kraftanstrengung.

Roko sammelt sich und auf einmal dreht er mit einem lauten Ächzer den Spieß um, sodass Erwin unten liegt: „Na, damit hast du wohl nicht gerechnet, dass ich so stark bin, oder?"

„Von wegen stark, ein Zufall ist das, Blödi, bloß ein dummer Zufall", versucht Erwin Roko wieder in die *Tiefgarage* zu stemmen.

Doch wie er sich auch verausgabt, Roko behält ihn fest im Griff. Das ärgert Erwin nun aber sehr, und je mehr er sich ärgert, desto mehr schwinden seine körperlichen Kräfte, was wiederum seinen Ärger weiter anstachelt, sodass er seinem Freund schließlich wutschnaubend in den Arm beißt. Erschrocken jault Roko auf: „Mensch, lass uns aufhören jetzt, das tut weh!"

„Ne!", erwidert Erwin und nutzt den Schmerz von seinem Freund aus, um diesen beiseitezustoßen, wobei Roko mit dem Kopf gegen einen Stein schlägt.

Roko hält sich den Kopf: „Das hast du extra gemacht! Ich hätte mir eine Gehirnerschütterung holen können. Du bist nicht mehr mein Freund. Hier, nimm das!", patscht Roko mit der flachen Hand auf Erwins Bein.

Erwin winselt: „Aua, sag mal, hast du sie noch alle? … Okay, du hast Recht, wir sollten aufhören!"

„Ne", lässt sich Roko in seiner Raserei nicht aufhalten und hebt das Bein, um Erwin ans Schienbein zu treten, woraufhin dieser wegläuft. Roko rennt hinter ihm her.

Flüchtig denkt Erwin im Spurt: „Dumm, dass hier kein Verkehrspolizist am Feldweg steht und uns anhält."

Ein Streit eskaliert

EINSTIEGSIMPULSE:
1. Was ist Schadenfreude? Beispiel? Wann geht sie zu weit?
2. *Ich mache, dass es anderen schlechter geht als mir, dann geht es mir wieder besser.* Was haltet ihr von dieser Einstellung?
3. Sollte man jedem (Vor-)Urteil gleich Glauben schenken oder sich lieber erst einmal selber eine Meinung bilden?

NACHBEREITUNGSFRAGEN:
1. Der Klassenfrieden ist dahin. Was ist passiert? Warum hat Thomas Vincent und Mocci grundlos zum Streiten gebracht?
2. Versucht die Geschichte so zu Ende zu erzählen, dass anschließend der Klassenfrieden wiederhergestellt ist. Wie kann man das erreichen?

25. Der hat gesagt: Du hast meinen Füller kaputt gemacht

Thomas ist unzufrieden. Sein Freund Vincent spielt jetzt immer mit Mocci, der Neuen aus der Klasse. Also spielt Thomas oft mit einem anderen Klassenkameraden, obwohl er lieber mit Vincent spielen würde.

Vincent ist Klassensprecher und muss vor Stundenbeginn noch einmal ins Lehrerzimmer gehen.

„Warum hält meine Kappe nicht mehr auf dem Füller? Huch, sie hat einen Riss?", fragt sich Mocci verwundert.

Flüsternd erfindet Thomas einen Grund: „Eigentlich sollte ich dir das nicht sagen, aber Vincent hat ihn vorhin runtergeworfen und da hat die Kappe einen Riss bekommen."

„Was?", brüllt Mocci ganz aus dem Häuschen. „Das hat der gemacht, mit meinem Füller?"

Thomas ist verdutzt über seine eigene Genugtuung darüber, dass Mocci böse auf Vincent ist und er freut sich schon auf den spannenden Moment, in dem Vincent wieder in die Klasse zurückkommt. Mocci verbreitet die Neuigkeit schnell unter ihren neuen Freundinnen, mit denen sie sich manchmal nachmittags trifft, aber diese reagieren unterschiedlich: „Echt?" – „Das kann doch nicht sein …" – „Wie fies, wollen wir das auch mal mit seinem Füller machen …?"

Als Vincent nichtsahnend, nachdenklich mit gesenktem Kopf die Klasse betritt und an seinen Platz gehen will, spürt er die ungewohnte Stille im Raum. Er schaut auf. Neugierige Blicke ruhen auf ihm und Mocci. Thomas fühlt sich wichtig und er kann ein kleines Grinsen nicht unterdrücken. Wütend geht Mocci auf Vincent zu: „Du hast meinen Füller kaputt gemacht! Das sage ich Herrn Recht, dann kannst du was erleben, du, du toller Freund …"

„Was, was soll ich gemacht haben? Wie kommst du denn darauf? Das würde ich nie machen …", fühlt sich Vincent ungerecht behandelt. Eben war seine Welt noch in Ordnung und nun scheint etwas davon ins Wanken zu geraten: „Frag doch Thomas, der kennt mich gut und kann sicher sagen, dass ich sowas nie machen würde …"

Thomas dreht sich weg von den beiden und genießt deren Zerwürfnis.

„Der hat das ja gesagt, von dem habe ich das mit dem Füller", ist Mocci ganz aufgekratzt. Die übrigen Klassenkameraden schauen den drei Hauptakteuren interessiert zu.

„Von Thomas willst du das gehört haben? Das kann nicht sein. Tut mir leid, Mocci, aber du lügst …", ist Vincent maßlos von seiner Freundin enttäuscht.

„Ich und lügen? Nimm das zurück, sonst erzähl ich es meiner Mama!", droht Mocci.

„Was guckt ihr alle so, hä? Thomas, jetzt stell richtig, dass du das nicht zu ihr gesagt hast!", fordert Vincent seinen alten Freund auf.

Doch Thomas räuspert sich, um seine Schadenfreude zu unterdrücken und versucht, ernst dreinzuschauen: „Also, so war es doch, gib es zu, du hast ihren Füller runtergeworfen. Komm, sei kein Schwächling …"

Vincent weiß nicht wie ihm geschieht.

Innerlich fängt er an zu glühen: „Ihr lügt … alle beide … ihr Flöden", verspricht er sich aufgeregt, was alle um ihn herum zum Lachen bringt.

Vincent rennt blamiert auf den leeren Schulhof und weiß nicht wohin mit sich.

Als Herr Recht die Klasse betritt, setzen sich alle. Der Lehrer fragt mit Blick auf das Klassenbuch: „Vincent, denkst du bitte daran, dich um die Teilnehmerliste zu kümmern, wie besprochen … Vincent? … Wo ist Vincent, er war doch noch eben bei mir im Lehrerzimmer …?"

Die Schüler reagieren mit Stühle-Rutschen, Brille-auf-der-Nase-verschieben, Sich-melden-wollen und Es-sich-anders-überlegen …

Ein Streit eskaliert

EINSTIEGSIMPULSE:
Stellt euch vor, ihr werdet geärgert. Wann signalisiert ihr: *Jetzt reichts*? Überlegt euch zu zweit eine kleine Spielszene dazu.

NACHBEREITUNGSFRAGEN:
1. Warum sagt Marisa zu Verena: *Das geht zu weit*? Wodurch hat Verena aus ihrer Sicht die Grenze überschritten?
2. Vergleicht die unterschiedlichen Lebensumstände der beiden Mädchen. Falls ihre Eltern ein Paar bleiben, wie können sie als Halbgeschwister friedvoll miteinander umgehen lernen? Tipps?

26. Und noch einen draufsetzen

Verena lebt, seit der Trennung ihrer Eltern vor zwei Jahren, bei ihrer Mutter. Eines Tages nimmt die Mutter sie nach einem gemütlichen Essen auf den Schoß und erzählt: „Heute Nachmittag ist es so weit, ich möchte dir meinen Freund Leo und seine Tochter Marisa vorstellen. Wir wollen heute Nachmittag zusammen Tee trinken, dann könnt ihr zwei euch anschließend ein wenig beschnuppern. Marisa wohnt auch bei ihrer Mutter und ist nur bei ihrem Vater, wenn es arbeitstechnisch bei ihm klappt, er ist viel unterwegs. Sie geht in die zweite Klasse, dann seid ihr altersmäßig nicht weit voneinander entfernt. Du wirst schon sehen, wer mein neuer Freund ist, du hast schon öfters etwas von ihm gehört …"

„Na gut!", gibt sich Verena desinteressiert, weil es bereits der dritte Mann ist, den ihre Mutter ihr seit der Trennung von ihrem Vater vorstellt. Bisher waren die Beziehungen jedes Mal nur von kurzer Dauer.

Der Besuch stellt sich als große Überraschung heraus. „Bist du etwa der Leo von der CD, die Mama jeden Tag hört?", erkennt Verena in Leo den Mann auf dem CD-Cover wieder.
„Ich hoffe, du magst meine Musik, Verena, sonst haben deine Mama und ich ein Problem …", lächelt Leo sie spitzbübisch an.
Verena ist eingeschüchtert: „Meine ganze Klasse hört deine Musik, alle meine Freundinnen sind Fans von dir … Aber ich mag die Musik gar nicht."
„Verena!", zischt ihre Mutter.
„Lass nur gut sein", küsst Leo der Mutter den Ärger weg. „Jeder soll seinen eigenen Geschmack haben. Marisa, magst du Verena dein Zimmer zeigen?"
Ehrfurchtsvoll und befremdet huscht Verena neben Marisa durch die eleganten, ausufernden Räumlichkeiten. Marisas Zimmer ist vollgestopft mit Spielzeug und Verena zählt insgeheim an die hundert Stofftiere aus aller Herren Länder. „Die hat mein Vater mir von seinen Tourneen mitgebracht", bemerkt Marisa Verenas Stillschweigen und Interesse an den Tierchen.
„Ich habe auch Stofftiere, ganze zwei Stück", sagt Verena vorwurfsvoll.
„Ach so, das sind nicht viele", wundert sich Marisa. „Na ja, es kann nicht jeder einen weltberühmten Paps haben."

„Doch, mein Vater ist auch berühmt – berühmt für seine Pizzen bei meinen Geburtstagen und für seine Discos, die er als Pfleger im Altersheim macht", sagt Verena stolz.
Marisa stockt: „Das habe ich nicht gewusst. Wo haben sich unsere Eltern denn kennengelernt? Weißt du was, ich schenke dir Krächzi, meinen Kakadu, den mir Paps von einem Konzert aus den Tropen mitgebracht hat. Den finde ich besonders süß."
Verena nimmt Krächzi an sich: „Danke, dann will ich aber noch den Koalabär dazu …"
Schluckend meint Marisa: „Na gut, wenn er dir gefällt, nimm ihn … den hat Papa mir in Australien gekauft. Ich würde es Paps aber besser nicht jetzt sagen, vielleicht möchte er nicht, dass ich Koala verschenke. Ich lege später ein gutes Wort für dich ein, ist schon in Ordnung …"
Als Verena bemerkt, dass sie Marisa schnell umstimmen kann, fordert sie: „Also, wenn du mir Krächzi, Koala und Fuchs überlässt, dann brauchst du mir auch kein anderes Tier mehr zu geben!"
Marisa fängt an zu weinen: „Das geht zu weit!"
Nachäffend hampelt Verena herum: „Das geht zu weit, das geht zu weit!"
„Huhn!"
„Geizbär!"

Ein Streit eskaliert

EINSTIEGSIMPULSE:
1. Streiten und Vertragen klingt vernünftig. Wann ist die Lage ernst und Vertragen zeitweise zwecklos? Beispiel?
2. (Sexuelle) Gewalt an Kindern hat viele Gesichter, ist per Gesetz untersagt und eine Straftat. Was wisst ihr darüber?

NACHBEREITUNGSFRAGEN:
1. Was ist mit Melanie und Oli passiert? Was sollen die Fotos? Wo liegt das Problem? Warum können sie jeder für sich die Gewaltsituation zunächst nicht einschätzen? Dennoch ist Oli auf der Hut, legt es nicht auf einen gefährlichen Streit an und holt Hilfe. Wie macht er das? Wann würdet ihr Hilfe holen? Sobald es geht?
2. Wann fühlt ihr euch weitgehend sicher? Sammelt praktische Ideen zu eurem Schutz. (Mögliche Antworten: *Wenn machbar, einsame und dunkle Wege vermeiden; zu zweit oder in Gruppen unterwegs sein; in akuter Gefahr durch Ansprechen, Rufen vertrauenswürdige Personen auf die Situation aufmerksam machen …*)
3. Malt eine solche Situation.

27. Ich fühle mich bedroht

Gut gelaunt verlassen Melanie und Oli nach ihrem Malkurs das Gewächshaus im Alten Botanischen Garten. Ihr Vater, der sie abholen will, ist noch nicht vor Ort. Die anderen Kinder aus dem Kurs sind bereits weg und die Kursleiterin hatte einen wichtigen Termin.

„Wir haben unsere Zeichen-Mappe drinnen beim Drachen-Baum vergessen, ich gehe sie eben holen und dann noch schnell wohin …" – „Okay", findet Melanie nichts dabei und schaut sich die Pflanzen im Umkreis des unbelebten Platzes an.

Bevor Oli wenig später wieder aus der Glastür ins Freie treten will, erreicht ihn eine SMS von seinem Vater: „Ihr Lieben, kommt zum Parkplatz am Park-Haupteingang, ich entdecke einfach keinen freien Platz und muss im Halteverbot stehen bleiben! Bis gleich, euer Vati."

Nun sucht Oli mit den Augen, durch die Glastür von drinnen nach draußen, den Gewächshaus-Vorplatz nach seiner Schwester ab und kann sie nicht ausfindig machen. Er schaut dahin, wo er sie zuletzt gesehen hat. Er lässt seinen Blick mit frösteligem Gefühl um sich schweifen und ihm ist so, als sähe er weiter hinten im Gebüsch das gelbe Haarband seiner Schwester und vermutlich zwei Männer im Profil.

Geistesgegenwärtig macht er mit dem Handy ein Foto von dieser unklaren Situation und sendet es sofort als Antwort an seinen Vater weiter. Jetzt sieht er niemanden mehr im Gebüsch. Gleich kriecht die Angst in ihm herauf. „Was tun?", überlegt Oli. „Was ist, wenn ich mich täusche? Soll ich die Typen zur Rede stellen und fragen, was sie gemeinsam mit meiner Schwester in den Sträuchern zu suchen haben oder ansehen?

… Vielleicht eine exotische Pflanze, die sie ihr zeigen wollen? Oder was das überhaupt soll? … Was ist, wenn meine schlimmsten Befürchtungen wahr werden? Soll ich ihr zu Hilfe eilen? Begebe ich mich dann auch in Gefahr und kann keine Hilfe mehr holen …?"

Noch nie hat Oli dermaßen viel in so kurzer Zeit gedacht und dennoch ist er unfähig, eine weitere Entscheidung zu fällen.

Jäh stürzt der Vater herbei und schreit unterdrückt: „Wo ist sie?" Oli schiebt sich durch die gläserne Tür nach draußen und zeigt ihm die Richtung.

Aufgeschreckt durch den Tumult stürzen die beiden Kerle aus dem Gebüsch und flüchten in entgegengesetzte Richtungen, einer von ihnen direkt in die Arme von zwei Polizisten, die aus dem angrenzenden Bahnhof herbei eilen.

Die Polizei kann den einen Mann gleich anhand von Olis Foto erkennen, welches sein Vater an die Polizei weitergeleitet hat, bevor er den Parkplatz verlassen hat. Bald ist auch der andere Mann gefasst. Die Typen müssen sich schließlich einige unbequeme Fragen stellen lassen, die später mit Aussagen von Melanie verglichen werden.

Was Oli parallel zur Erfassung der Täter innerhalb kürzester Zeit durchlebt, macht, dass er sich hundeelend fühlt: An der Hand seines Vaters wird er weit hinten in das Gebüsch gezogen, wo tatsächlich seine Schwester hockt und leer vor sich hinstarrt. Sie ist nicht in der Lage aufzustehen und sich trösten zu lassen. Ihr Vater nimmt sie auf den Arm und trägt sie – im Geleit von mehreren herbeieilenden Polizisten – zum Park-Ausgang.

Das Einzige, was Melanie wie leblos wirkend in den nächsten Stunden von sich gibt ist: „Sie haben mich als Kindermodel fürs Fernsehen entdeckt und wollten schnelle Fotos von mir mit tollem Hintergrund machen. Ich sollte mir dazu nur ein anderes Kleid und so anziehen, damit es auch die Fernsehleute mögen … Vielleicht werde ich jetzt berühmt. Die lassen sich immer so merkwürdige Sachen einfallen, damit die Models im Fernsehen bei den Shows gewinnen … Sie wollen dabei nämlich doch nur testen, wie begabt sie sind und was sie alles mitmachen. Nett von ihnen nicht, Vati? Ein Casting habe ich mir ganz anders vorgestellt. Es ging so furchtbar schnell. Komisch, oder Vati? Vati?"

Streiten und vertragen

EINSTIEGSIMPULSE:
1. Manchmal macht man etwas, was einem hinterher leid tut. Warum?
2. Zwei Personen streiten sich und entschuldigen sich schließlich gegenseitig. Beispiele? Wie schaffen sie es, sich wieder anzunähern?

NACHBEREITUNGSFRAGEN:
1. Warum streiten sich Nora und Ella? Überlegt euch Gründe, warum Ella Noras Traumzimmer im Karton heruntergeworfen haben könnte?
2. Wie geht die Geschichte aus? Können sie sich wieder vertrauen?

28. Das wollte ich nicht! – Ich auch nicht!

Nora ist stolz auf ihr *Traumzimmer im Schuhkarton*, welches im Schulflur ausgestellt ist. Aus der Klassenstufe können nur fünf Kinder pro Klasse ihr Kunstwerk zeigen. Als Nora sich auch die anderen Werke bei der Ausstellungs-Eröffnung anguckt, dreht sie sich noch einmal zu ihrer Arbeit um. Ihre Freundin Ella steht gerade allein davor, mit grimmigem Gesicht. Nora stutzt, denn Ella vergewissert sich flüchtig, ob gerade niemand zu ihr schaut und gibt dann ihrem Karton einen leichten Schubs, sodass er vom Tisch auf die Erde rutscht.

Betroffen und wütend geht Nora auf Ella zu, hebt ihren Karton auf, besieht sich den Schaden, stellt die Box wieder an ihren Platz und zieht die auf frischer Tat ertappte Ella in einen Seitengang: „Was fällt dir ein? Den Karton wollte ich meiner Mutter nach der Ausstellung zum Geburtstag schenken. Ihr geht es gerade nicht so gut und ich wollte ihr damit eine Freude machen. Aber jetzt liegt darin manches schief, du doofste Freundin aller Zeiten – ach was, du bist gar keine Freundin, ich habe mich in dir getäuscht, du dumme Nuss!"

Nora fängt an zu schluchzen. Dann muss auch Ella schluchzen. Aus dem Haupt-Gang ruft ihre Lehrerin: „Nora? Wo bist du? … Sieh, was hier passiert ist …"

„Wir müssen zurück, Frau Essig sucht mich schon", reibt sich Nora das Gesicht trocken, entschlossen ihre Freundin nicht zu verraten.

Ella hält sie zurück: „Das wollte ich nicht!" – „Ich auch nicht!", meint Nora versöhnlich.

Streiten und vertragen

EINSTIEGSIMPULSE:
1. Manchmal möchte man etwas loswerden, redet dabei ohne Punkt und Komma und lässt andere nicht zu Wort kommen. Verständlich? Welche Regeln sollte man dabei trotzdem einhalten?
2. Denkt an einen alten Streit. Seid ihr immer noch verärgert darüber?
3. Was bedeutet *Knigge*?

NACHBEREITUNGSFRAGEN:
1. Worüber streiten sich Ronja und ihre Cousine Janne? Was meint ihr?
2. Ronja beschäftigt der alte Streit mit ihrer Cousine Janne fünf Wochen danach wieder und sie möchte sich dafür bei Janne entschuldigen. Warum jetzt? Wie reagiert Janne? (*Verjähren von Konflikten*)

29. Tut mir echt leid, das von neulich! – Was?

Janne ist bei ihrer Cousine Ronja zu Besuch. In der Küche beim Abendbrot nimmt sich Janne eine zweite große Portion Kräuter-Quark für ihre Ofen-Kartoffel. Nach dem Toben im Garten hat sie ordentlich Hunger. Als das Telefon klingelt steht Ronjas Mutter vom Tisch auf, vertröstet die beiden und redet leise im Flur nebenan.

Kurz darauf kommt sie wieder, hält den Hörer etwas von sich weg und wendet sich an die Mädchen: „Könnt ihr bitte einen Moment allein weiteressen, es ist wichtig … Tut mir leid."

„Na klar, Tantchen, wir sind doch schon groß!", findet Janne gar nichts dabei. „Immer muss Mama telefonieren, wenn man sie braucht", grummelt Ronja.

Still löffeln beide mit Geschick ihre mittlerweile wabbeligen Kartoffeln aus, als Janne etwas einfällt: „Weißt du was? Mir hat wahrscheinlich einer aus der Klasse einen Liebesbrief geschrieben. Glaubst du, ich weiß, von wem der ist? Nääh … hoffentlich nicht von Timo …"

„Kannst du nicht erst deinen Mund leer kauen, bevor du mit mir redest? Du schmatzt richtig laut!", unterbricht sie Ronja.

Janne nimmt vor Erzähleifer wieder Fahrt auf: „Aber wenn der von Luck ist, dann … ach, meinst du, das kann … der schreibt, dass er verknallt in …"

„Bäh, Janne, das ist voll eklig, wenn du mit Quark im Mund sprichst, das zieht richtig Fäden", dreht sich Ronja etwas von ihrer Cousine weg. Mit Tränen in den Augen drückt Janne den Rest Quark im Mund herunter und knallt ihren Löffel auf den Tisch, sodass es eine winzige Delle im Holz gibt: „Ich kann auch schon heute fahren. Ich brauche bloß anzurufen und schon werde ich von Mama und Papa abgeholt oder wenn sie vom Konzert zurück sind, dann …", damit rennt sie ins Wohnzimmer.

„Du hast wohl noch kein Knücke in der Schule gehabt, was?", schimpft Ronja ihrer Cousine hinterher und verwechselt dabei Knigge mit Knücke.

Janne braust kurz in die Küche zurück: „Du hast wohl noch nie einen Liebesbrief gekriegt? Dummer Geier!", dann macht sie eine Kehrtwende ins Wohnzimmer.

„Einen? Hach, Hunderte! Was denkst du denn", brüllt Ronja in Jannes Richtung.

Fünf Wochen später kommt Ronja mit lehmverklumpten Schuhen direkt von draußen in die Küche gelaufen. Sie grabscht sich ein Stück Marmorkuchen vom Teller auf der Arbeitsplatte und mit randvollem Mund lässt sie ihren Erlebnissen freien Lauf: „Mutti, kannst du dir so was Süßes vorstellen? Die Katinka von Wessels hat vorhin Junge bekommen! Weißt du wie klein die Kätzchen sind? Sie tapsen mit geschlossenen Augen auf ihrer Mutter herum und suchen nach der Milch …"

In wenigen Minuten hat Ronja zweieinhalb Stücke vom Kuchen verschlungen und gleichzeitig ist sie die Katzen-Story von A bis Z bei ihrer Mutter losgeworden. Anschließend nimmt sie sich noch eine Birne aus der Obstschale, beißt hinein und kaut mit vollem Mund die Worte wie Kaugummi: „Ich geh dann wieder rüber zu Wessels, das ist in Ordnung für die, Mutti …"

Beim Hinausgehen stutzt sie einen Moment lang über die Lehmklumpen-Spur, die sie hinterlässt.

Abends telefoniert Ronja mit ihrer Cousine Janne und schildert ihr die Neuigkeit mit den Kätzchen. Beide schwatzen darüber aufgeregt und durcheinander.

Nachdem Ronja alles Wichtige mitgeteilt hat, sagt sie nebenbei: „Tut mir echt leid, das von neulich!" – „Was?", fragt Janne.

Streiten und vertragen

EINSTIEGSIMPULSE:
1. Sammelt Ideen, wie ihr euch während eines Streits beruhigen könnt.
2. Was bedeutet: *sich eine Auszeit nehmen*?

NACHBEREITUNGSFRAGEN:
1. Tarik möchte nicht mehr streiten. Schafft er es noch, sich beim Streit abzuregen?
2. Warum zieht sich Tarik beim Streit in das Gästezimmer zurück?

30. Rums!

Tarik wohnt in einem Heim, weil seine Eltern nicht mehr leben. Seit knapp einem Jahr darf er ein Mal im Monat für ein Wochenende Gast sein bei einer Frauen-Wohngemeinschaft mit zwei Kindern. Diese Besuche genießt er sehr, weil man sich liebevoll um ihn kümmert und ihm das Gefühl von Familienleben gibt. Die Frauen darf er sogar Mama Gaby und Mama Natalie nennen. Er fühlt sich wohl in dieser Gemeinschaft, obwohl auch dort nicht alles reibungslos abläuft, genauso wenig wie im Heim. Lange vor seinen Besuchen zählt er die Tage und kann es kaum erwarten, bis es wieder so weit ist.

An einem dieser Besuchswochenenden kann Tarik abends lange nicht einschlafen, weil ihn seine Tagträume davon abhalten: „Wie gern würde ich für immer in dieser Wohngemeinschaft leben! Den Menschen hier vertraue ich. So ein Gefühl habe ich woanders bisher nur selten erlebt …"

Jetzt bekommt er Appetit auf seine Schoko-Kekse, die er sich beim letzten Besuch vom Mund abgespart hat und im Küchenregal für sich als Notration hinterlegt hat. Vorsorglich hat er auch alle darüber informiert.

Er fragt sich: „Ob Mama Gaby und Mama Natalie wohl schon schlummern? Falls nicht und Mama Natalie mich erwischt, dann brodelt es ordentlich. Sie mag gar nicht, wenn wir Kinder nach dem Zähneputzen noch naschen. Mama Gaby dagegen wird wohl bloß eine kleine Bemerkung machen …"

Die Kekse lassen ihn nicht los und schließlich schleicht er in die Küche. Überall ist das Licht schon gelöscht und das ist gut so, findet er. Als er aber nach den Keksen im oberen Schrank tastet, kann er sie nicht mehr finden. Er ist empört und sucht auch die restlichen Schränke ab. Nichts, auch kein einziger Keks-Krümel von ihm ist mehr da!

Stinksauer und enttäuscht hinterfragt er seinen innigen Wunsch: „Ob ich in dieser Wohngemeinschaft bin oder im Heim ist eigentlich egal!"

Im Bett grübelt er darüber nach, wer wohl seinen Schatz stibitzt haben könnte? In jedem Fall wird er die Wunsch-Geschwister am nächsten Tag zur Rede stellen. Doch dazu kommt er gar nicht erst, denn beim Frühstück bekennt sich Mama Natalie von selbst zur Tat: „Ach Tarik, es tut mir furchtbar leid, jetzt habe ich das glatt vergessen … Ich bin neulich Nacht über deine Kekse hergefallen, weil ich einen wahnsinnigen Appetit auf etwas Süßes hatte und nichts war im Haus …"

Noch bevor Mama Natalie ausgesprochen hat, tobt Tarik los und denkt: „Ausgerechnet Mama Natalie räubert mich aus …!"
Er schreit: „Das hätte ich nie von dir gedacht! Mir was wegnehmen, mir … und ausgerechnet du …"
„Beruhige dich, Tarik! Die Kekse habe ich mir doch nur geliehen! Du sollst sie wiederbekommen. Ich habe bloß vergessen sie nachzukaufen. Es tut mir riesig leid, wenn es dich so aufregt …"
Tarik brüllt: „Das kann ja jeder sagen!"
Mama Natalie regt sich nun auch auf: „Ist es denn wirklich so schlimm? Normalerweise würde ich das nicht machen, das kannst du mir glauben. Aber ich hatte zuvor mit dem Vermieter Streit, weil er die leckende Wasserleitung im Bad nicht reparieren will und eine Auseinandersetzung mit einer Kollegin bei der Arbeit …"
Nun tut Tarik der Streit mit Mama Natalie schon wieder leid. Eigentlich glaubt er ihr, aber uneigentlich geht das gar nicht, dass sie sich an seinen Sachen vergreift. Er möchte doch nicht mehr als einfach nur da sein und die eh kurze Zeit mit den liebgewonnenen Menschen verbringen …
Weil er aber noch so voller Ärger ist, schimpft er: „Du kannst mich mal gern haben – und … ihr alle zusammen …", donnert mit harten Schritten ins Gästezimmer und lässt die Tür hinter sich zuknallen: „Rums!".
Eine Weile weiß er vor Wut gegen sich selbst und die anderen nichts mit sich anzufangen. Dann findet er ein hübsches Buch im Regal und sieht es sich genauer an. Nach einer Weile geht er damit aus dem Zimmer und zum Frühstückstisch:

„Schaut mal hier, wie der Mann im Buch die kleinen grauen Steine aus dem Steinbruch trommelt und schleift, sodass hinterher ganz unterschiedliche Farben und Muster bei ihnen herauskommen, ist das nicht lustig?"

Dem Wunsch-Bruder fällt ein: „Mama, hat Onkel Pit mir nicht mal einen solchen Stein mitgebracht? Weißt du noch, wo der ist?"

Streiten und vertragen

EINSTIEGSIMPULSE:
1. Man sagt, Sport baut Stress ab und setzt Glückshormone frei. Was stimmt daran? Habt ihr damit eigene Erfahrungen gemacht?
2. Denkt euch eine Geschichte aus, in der jemand sagt: „Reg dich ab!"

NACHBEREITUNGSFRAGEN:
1. Worüber streiten sich Judith und Demian? Der Betreuer möchte, dass die beiden sich abreagieren. Was sollen sie tun?
2. Wie fühlt sich Judith auf dem Sportplatz? Was ist nach dem Lauf vom Streit übrig? Wie gehen Judith und Demian nun miteinander um?

31. Judith rennt einfach los

Im Gruppenraum vom Heim rücken die Kinder auf alten Sofas zusammen. Der Betreuer informiert alle: „... Morgen bekommt ihr wieder Taschengeld. Ansonsten: gibt es irgendwelche Probleme in der Schule oder bei den Hausaufgaben?"

Gern möchte Judith reden, sie weiß aber nicht worüber. Stattdessen ergreift Demian das Wort: „Meine Eltern sollen mich am Wochenende öfters holen!"

„Das kann ich gut verstehen, Demian, dass du das möchtest. Doch meine Frage war eine andere", meint der Erzieher.

Judith regt sich plötzlich auf und schimpft: „Du sei bloß still, Baby! Meine Eltern kommen überhaupt nicht."

Für einen Moment verstummen alle.

„Na, wenn dein Vater doch so plemplem war, dass er als Räuber weggesperrt wurde, und deine Mutter jetzt allein das Geld ranschaffen muss, wie sollen sie dann herkommen?", gibt Demian Judith eine Retourkutsche.

„Mein Vater ist weit weniger plemplem als du es bist! Und er wurde nicht weggesperrt, er sitzt nur eine Strafe ab. Danach ist er wieder frei und meine Eltern sind wieder ganz für mich da …", wehrt sich Judith und tritt Demian gegen das Schienbein.

Den Schmerz herunterschluckend, kneift Demian Judith hinter dem Rücken der anderen Kinder ein paar Mal. Judith wiederum beißt sich ebenfalls auf die Zähne und zeigt Demian hinter ihrem Rücken die Faust.

„Nun ist es Zeit für einen kleinen Lauf", meint der Betreuer wie beiläufig. „Demian, du läufst zwei große Runden in der Turnhalle. Und du, Judith, rennst zwei Runden über den Sportplatz. Zieht euch sofort um und los geht es!

Demian, bitte den Hausmeister, dass er dich in die Halle lässt und richte ihm einen schönen Gruß von mir aus."

„Aber …", will Demian noch etwas einwenden.

„Kein aber!", unterbricht der Erzieher den begonnenen Einwand.

Judith macht sich auf den Weg zu ihrem Kleider-Schrank, voller Wut auf Demian und auf den Erzieher. Joggend am Sportplatz angekommen, atmet sie die leichte Brise ein und fühlt sich etwas erfrischt. Das schnelle Laufen um den Platz herum ist anstrengend, doch mit der Zeit machen die Beine, fast ohne ihr Zutun, die ganze Arbeit wie von allein. Weil zeitweilig die Sonne zwischen den Wolken hindurchschimmert, fühlt sich der Tag nicht mehr grau an, sondern verwandelt sich für Judith in einen Überraschungstag. Anfangs überwiegt das Heimweh noch die Freude, aber nach einer Weile ist es umgekehrt.
Judith stößt ein: „Huuuuuuh!", in den Himmel und hat jetzt so viel Kraft, dass sie gleich noch eine Runde dranhängt.
„Mir geht es gut, ich darf draußen rennen", denkt sie als sie ihren Laufort mit Demians vergleicht.
Als sich Judith und Demian später verschwitzt im Flur beim Gruppenraum über den Weg laufen, grinsen beide.
Demian schlägt Judith vor: „Von mir aus kannst du am Wochenende mal mit zu mir nach Hause kommen. Ich habe ein Meerschweinchen mit zottelig-langen Haaren. Soll ich meine Eltern fragen?"
„Ich würde auch ohne das Meerschweinchen mitkommen", schmunzelt Judith und geht weiter zum Gruppenraum, ohne auf Demian zu warten.
„Später kannst du deine Eltern fragen, wenn es wieder bei dir geht. Dann komme ich auch mit zu dir!", ruft Demian Judith hinterher.

Streiten und vertragen

EINSTIEGSIMPULSE:
1. Manchmal kann man einen ernsten Streit nicht selber lösen. Kennt ihr ein Beispiel?
2. Wenn ein Streit außer Kontrolle gerät und euch Angst macht: Was tut ihr dann?
3. Eine Person treibt ihren Spaß mit einer anderen zu bunt, die wiederum gar keinen Spaß versteht. Was kann da passieren? Ist das riskant?

NACHBEREITUNGSFRAGEN:
1. Wodurch begeben sich die kleinen Flitzer – besonders Schnappi – in Gefahr? Welches Gefühl meldet sich bei Rolli und warnt sie? Was tut Rolli zum Schutz aller? (*Rolli holt ihren erwachsenen Bruder und der hilft.*)
2. Auf welche Weise hilft Rollis Bruder?
3. Was meint Rollis Bruder mit: *Das ist gerade noch mal gut gegangen …?*

32. Mir macht das jetzt Angst

Die kleinen Flitzer hocken in ihrem Versteck hinter einer Hecke am Gehweg und machen sich einen Heidenspaß daraus, vorbeikommende Leute zu ärgern.

Schnappi ist eine von ihnen und frech wie Zahnlücke. Sie ist als Letzte von den vier kleinen Flitzern an der Reihe, fremde Menschen abzulenken und zu irritieren, obwohl sie die Idee dazu hatte.

Doch jedes Mal hat sie den anderen der Bande Vortritt gelassen: „Sei froh, wenn du vor mir drankommen darfst", hatte sie jedem gesagt, der sie vorlassen wollte.

Nun ist es Schnappi etwas mulmig zumute, als eine Gruppe Jungen aus der Oberstufe vorbeikommt und sie durch die Hecke hindurch wie ein Löwe brüllen muss: „Grrrraaaahg!" Das war in der Clique so ausgemacht.

Baff erstaunt bleiben die Jungen stehen, sehen sich um, schauen sich gegenseitig verlegen an und gehen an sich selbst zweifelnd weiter.

Die kleinen Flitzer, die alles durch ihre Heckengucklöcher beobachtet haben, tanzen vor Vergnügen.

Der nächste Passant ist ein piekfeiner Herr mit Gehstock. Ganz in tiefsinnige Gedanken versunken, schreckt ihn ein gespenstisches „Huhuuuuuu" von Schnappi auf.

Vor Wut darüber, aus seinen Gedanken gerissen worden zu sein, wo er doch gerade dabei war ein enorm wichtiges berufliches Problem zu untersuchen, sieht er sich kurz vergeblich nach der Störquelle um. Nun will er weitergehen, als ein Husten und dann ein kurzes Tuscheln hinter der Hecke hervordringen.

Den Streich ahnend, geht er kurzerhand um die Hecke herum und sieht, wie sich dort die verdatterten kleinen Flitzer ducken.

„Wer war das?", schäumt der Mann.

„Was?", tut Schnappi ganz unschuldig.

„Warst du das?", fragt der Herr unbeirrt.

„Das waren Sie selber!", findet sich Schnappi lustig und tatsächlich prusten die restlichen kleinen Flitzer hinter vorgehaltener Hand los.

„Du findest dich wohl sehr komisch, was? Ich finde es nicht sehr originell, dass du mich mitten in meinen Überlegungen unterbrichst! Vermutlich hast du mir jetzt meine Lösung zunichte gemacht. Denn gerade fiel mir endlich ein, wie ich ein Problem in den Griff bekommen kann, und nun ist dieser Gedanke wie weggeblasen. Weißt du, was das für ein Schaden für mich, für meine Firma und letztlich für die Menschheit ist?", wettert der Mann.

„Dafür hatten wir die Schadenfreude", findet sich Schnappi oberkomisch und glaubt, die Spaßaktion geht in die Verlängerung.

Der streng wirkende Mann dreht nervös seinen Spazierstock hin und her und haut schließlich die untere Seite davon mehrfach leicht in seine Innenhand.

Während Schnappi richtig aufblüht in ihrer Rolle als Kasper und mit tollen Körperverrenkungen herumblödelt, flüstert Rolli, die Kleinste im Bunde, vor sich hin: „Mir macht das jetzt Angst!", und flitzt los, was das Zeug hält, um Hilfe zu holen.

Zuhause im Vorgarten stößt sie auf ihren erwachsenen Bruder, der gerade zu Besuch ist, und es bedarf für ihn nicht vieler Worte, um zu verstehen, in welcher Lage sich seine Schwester und die anderen kleinen Flitzer befinden. Kurzerhand prescht er dorthin, wo seine Schwester ihn hindirigiert.

Die Lage ist ernst und Schnappi erkennt das noch immer nicht. Gerade will sie eine lustige Grimasse ziehen, als der Mann mit seinem Stock ausholt …

„Halt, lassen Sie das!", versucht der große Bruder von Rolli den Mann zu stoppen. „Haben Sie denn nie Streiche gemacht, als Sie ein Kind waren?"

Plötzlich tauchen Erinnerungsfetzen aus seiner Kindheit wie Filmausschnitte in dem Fremden auf. Als wäre er ein kleiner Junge, der ertappt wird, nimmt er Reißaus.

„Das ist gerade noch mal gut gegangen!", nimmt Rollis großer Bruder jeden der kleinen Flitzer der Reihe nach fest in seinen Blick.
Schnappi fühlt sich von ihm gestört: „Och, wir haben gerade so lustig gespielt ..."

Streiten und vertragen

EINSTIEGSIMPULSE:
1. Aus einem Streit aussteigen und Abstand gewinnen, was stellt ihr euch darunter vor?
2. Was meint: *Ihr sprecht von euch aus*? Nennt ein Beispiel?

NACHBEREITUNGSFRAGEN:
1. Wie schimpft Rieke mit Stella? Wie fühlt sich Stella dabei? Was macht Stella dann?
2. Stella tankt Ruhe und positive Gedanken. Wo und wobei?
3. Stella möchte sich mit Rieke vertragen. Wie?

33. Da mache ich nicht mehr mit!

„Du immer ..., du bist ..., du musst ...", ergeht sich Rieke im Streit mit Stella, „du hast dies ... und du hast das ..."
Stella fühlt sich ohnmächtig. Sie hat das Gefühl, alles ist schlecht an ihr und es bleibt nichts Gutes von ihrer Person übrig.
Nun erinnert sich Stella daran, dass sie auf dem Schulweg heute Morgen von einer älteren Frau angelächelt

wurde, weil sie ihr den Vortritt auf dem engen Gehweg gelassen hat. Und sie denkt an den Verkäufer gestern, der ihr das Comic-Heft gegeben hat, obwohl sie 10 Cent zu wenig im Portemonnaie hatte.

„Du immer …, du bist …, du musst …, du hast dies … und du hast das …", schimpft Rieke weiter mit ihr. Dann lässt Stella Rieke einfach stehen und geht weg.

Das „Du du du …" ist immer weniger zu hören.

Auf dem Weg nach Hause sucht sich Stella ein hübsches Kastanienblatt aus. Sie legt ihre Hand auf das Blatt und vergleicht die beiden Größen. Dann sieht sie in das Blatt hinein, wie in eine Zukunftsglaskugel: Aus Blatt-Adern und Herbstverfärbungen zeigt sich ihr ein verzerrtes Bild von zwei Mädchen unter einem Kastanienbaum im Blätterregen.

„Ich denke …, ich habe …, ich kann …", freut sich darin das eine Mädchen über das andere. „Ich finde dich nett", guckt das andere zu ihr zurück.

Vorsichtig schiebt Stella das Kastanienblatt in ihre Jacken-Innentasche.

Morgen möchte sie es Rieke mitbringen.

 **Streiten und vertragen**

EINSTIEGSIMPULSE:
1. Irgendwo fängt ein Streit an. Auch kann eine lange Geschichte dahinterstecken. Findet Beispiele für Streit-Anfänge.
   Zum Beispiel: Sie fangen an sich zu streiten, weil …
2. Welche Gefühle kann man im Streit empfinden?

NACHBEREITUNGSFRAGEN:
1. Dimitra ist fröhlich, als sie sich kreativ mit dem Thema *Ich bin sauer* auseinandersetzt. Wie passen diese beiden Gefühle zusammen?
2. Bastelt ein Türchen und bemalt es, wie in der Geschichte beschrieben. Zusätzlich kann das Türchen auch beschriftet werden.

34. Meine Gefühle beim Streit

Im Kunstunterricht malt die C-Klasse mit Bleistift und Buntstiften eine Skizze zu einem englischen Musik-Stück, welches sie gemeinsam anhören. Der Rhythmus klingt ein wenig aggressiv und so zeichnen die Kinder auch eher ein unruhiges Bild.

„Welches Gefühl möchte das Lied ausdrücken?", fragt die Lehrerin unvermittelt, nachdem sie es ausgeschaltet hat.

„Ärger!", schlägt Anouk vor.

Lasse ist sich ziemlich sicher: „Nein, da stecken mehrere Gefühle gleichzeitig dahinter, nämlich welche, die man beim Streit empfindet. Der Sänger hat sich bestimmt gerade mächtig gestritten und davon handelt das Lied jetzt irgendwie."

„Ach was", wischt Scharo Lasses Bemerkung beiseite, „da steckt bloß Wut hinter dem Lied, nur Wut."

Die Lehrerin ist zufrieden: „Eure Antworten gefallen mir. Vielleicht würde uns der Text des Liedes bei unserer Frage weiterbringen, doch dazu müssten wir ihn erst übersetzen lassen. Aber darauf möchte ich jetzt nicht weiter eingehen. Mich hat vielmehr interessiert, was ihr allein aus der Musik heraushören konntet, ohne den Text.

Jetzt kommen wir zu einer ähnlichen Aufgabe. Nehmt Schere und Kleber und bastelt aus zwei weißen Din-A4-Blättern ein Türchen mit Rückwand. Anschließend bemalt ihr das Türchen und den Platz dahinter, ähnlich wie bei einem Bilder-Adventskalender. Auf das Türchen zeichnet ihr ein beliebiges Gefühl auf, das man beim Streit empfinden kann. Danke Lasse, für den Vorschlag, mit dem arbeiten wir jetzt weiter! Ein Gefühl beim Streit kann zum Beispiel Traurigkeit sein, das kommt dann auf die Tür. Und innen zeichnet hinein, was hinter diesem Gefühl steckt, zum Beispiel dass jemand zuerst beleidigt wurde und darum anschließend traurig ist. Also, was ist vorher passiert oder gewesen, dass ein Streitgefühl aufgekommen ist?

Ihr könnt beides wirklichkeitsgetreu gestalten (zum Beispiel eine Prügelei) oder unwirklich-abstrakt (zum Beispiel nur bestimmte Farben wählen oder mischen, um das Gefühl Wut auszudrücken). Wenn ihr unwirklich malt, könnt ihr auf diese Art auch Inhalte oder Informationen für euch behalten, welche ihr in der Klasse oder woanders nicht preisgeben möchtet. Das schützt euch dann.

Heute basteln wir das Türchen und überlegt euch schon mal ein Gefühl dafür."

Caro meldet sich und die Lehrerin ruft sie auf: „Können wir auch *Verknalltsein* malen?" Die Klasse grölt.

„Weißt du", reagiert die Lehrerin erstaunt, „na ja, wenn sich jemand zum Beispiel streitet, weil er in dieselbe Person verliebt ist wie der Streit-Partner, dann ja, dann passt es auch zu der Aufgabe. Würdest du dann *Verknalltsein* auf das Türchen schreiben oder dahinter …?"

„Mh", meint Caro, „vielleicht ist eher *Eifersucht* das Streitgefühl und kommt auf das Türchen und *Verknalltsein* steckt dahinter, wenn man das Türchen öffnet …? Das ist wie in meinem Lina-Buch: Erst ist sie verknallt in Dingsda und dann kommt die Eifersucht, weil sie erfährt, dass Dingsda aber schon in eine andere verknall…, na ja."

„Oooooh!", kommentiert Lasse.

„Pfff, pffffffffffffff!", pfeift Anouk.

„Und wie geht die Geschichte mit Lina und Dingsda weiter?", ruft Lasse.

„So könnt ihr das angehen, Caro. Wie ihr die Aufgabe genau umsetzt, liegt an euch!", kommt die Lehrerin wieder zur Aufgabenstellung zurück.

Frank grübelt laut vor sich hin: „Ich male vorn aufs Türchen einen Kampf wie im Comic, mit großer Staubwolke und Armen und Beinen, die da rausgucken. Hinter der Klappe ist ein Räuber, der einem Armen was wegnimmt …"

Dimitra flüstert ihrer Freundin neben sich zu: „Ich schreibe mit Malschrift auf das Türchen: „Ich bin sauer" und zeichne ein wüstes Bild dahinter, mit wilden Farben und Strichen und mehr nicht. Ich weiß schon, warum das Bild so aussieht."

„Und warum sieht das Bild so aus?", will ihre Freundin wissen.

„Darum!", antwortet Dimitra und kramt fröhlich summend Schere und Klebstoff aus ihrem Mäppchen hervor.

 **Streiten und vertragen**

EINSTIEGSIMPULSE:
1. Sammelt Ideen, wie ihr aus euren negativen Gefühlen bei einem Streit herauskommen könnt (sich vertragen etc.).
2. Es gibt negative Gefühle beim Streit, die schützen können. Zum Beispiel das Gefühl Angst kann vor Gefahr warnen und uns veranlassen etwas dagegen zu tun. Beispiele?

NACHBEREITUNGSFRAGEN:
1. Weiß die kleine Maus was Feuer ist? Sie nähert sich vorschnell dem Brandherd und bekommt Schwierigkeiten. Welche?
2. Die Maus steigt aus negativen Gefühlen aus. Wie? Wo stoppt sie? Übertragt die Erfahrung der Maus mit dem Brandherd auf einen Streit.

35. Die kleine Maus sucht ihren Standpunkt

Die kleine Maus wacht auf, weil sie mal Pipi muss, und wird im Mauseloch von bitterer Kälte überrascht. Als sie sich draußen von ihrem Druck befreit hat, huscht sie noch neugierig vor dem Loch umher, weil dort viel los ist:

Orangegelbes Licht flackert, Menschen poltern durch die Gegend und zerren Baumteile auf einen großen Haufen, der zischt, brodelt und spukt.

Ihre Mutter hatte sie vor dem Schlafengehen gewarnt: „Mit den Menschen ist nicht gut munkeln, halt dich fern von ihnen!" Doch die Mäusin möchte etwas gegen das Kältegefühl tun und sich bewegen. Vor der Haustür wird ihr Näschen rot und röter und sie schlottert am ganzen Leib. Angenehm berührt nähert sie sich von der Rückseite aus, wo eine Hecke steht und keine Menschen sind, dem Lichtermeer des Holzfeuers. Hier spürt sie eine wohlige Wärme in sich aufsteigen. Sie geht näher und näher, ihr wird wärmer und wärmer, bis sie nicht mehr bibbert. Nicht genug von dem Gefühl bekommend, tapst die kleine Maus noch näher heran.

Doch dann wird ihr heißer und heißer, es tut mehr und mehr weh. Sie weiß nicht, was gerade in ihr vorgeht und bekommt es mit der Angst zu tun. Die Äuglein fangen an zu brennen, ein Schmerz durchzieht die Mäusin bis in die Glieder hinein. Jäh bleibt sie stehen. Sie muss an die Warnung ihrer Mutter denken und verharrt hilflos am Platz. Vor Hitze krümmt sie sich und kann sich kaum rückwärts bewegen. „Lauf weg!", sagt sich die Kleine, doch ist sie unentschlossen und kriecht nur wenige Schritte vom Brandherd weg.

Die Hitze ist nicht mehr so beißend wie zuvor, aber doch noch unerträglich. Es drängt sie, sich noch ein paar Tapse weiter zurückzuziehen und noch ein paar Tapse. Hier kann sie es schon besser aushalten. Dafür läuft ihr jetzt der Schweiß wie Suppe den Körper hinab und sie verspürt großen Durst. In einer kleinen Pfütze, die sie noch

weiter hinten vorfindet, verschafft sie sich Abkühlung und kann ihren Durst löschen.
Hier fühlt sich die kleine Maus endlich wohl. Sie genießt mit der Zeit die Wärme des roten Holzfeuers und das lustige Treiben der Menschenkinder, die sie ab und an seitlich davon zu sehen bekommt. Sie laufen aufgeregt hin und her, krakeelen und schnattern. Jedes Kind trägt einen Ast mit sich herum, an dem vorne an der Spitze etwas Braun-Schwarzes eingewickelt ist und woran sie zwischendurch pusten und anschließend davon abbeißen.
Zwei der Kinder kommen nun in Richtung Hecke um den Holzstoß herumgetobt und eins sagt zu dem anderen: „Sieh nur, da hockt ein Mäuschen …"
„Niedlich! Lass es, es wärmt sich am Feuer bei dieser lausigen Kälte. Haben wir nicht ein Stück Käse übrig?"
Die Kinder verschwinden kurz und nähern sich dann wieder vorsichtig der Rückseite des Feuers und dem Mäuslein. In sicherer Entfernung legen sie dem Tierchen das Käsestück auf den Boden und beobachten, wie es sich bald zutraulich an dem Käse zu schaffen macht und Löcher hineinnagt.
„So kommen also die Löcher in den Käse", zischelt der Junge.
„Urg … Aber nicht den Großen sagen, dass hier eine Maus sitzt …", flüstert das Mädchen dem Jungen zu, wohlwissend dass nicht jeder Erwachsene ein Freund der kleinen Nager ist …
Beide beglücken sich noch eine Weile bei dem Anblick des knabbernden Tierchens und verkneifen sich den Wunsch, sein weiches Fell zu streicheln. Schließlich schleichen sie wieder zu ihresgleichen.

Die kleine Mäusin genießt und genießt den gelben Brocken, das Knacken und Knistern, den Lärm, den Geruch und vor allem die wunderbare Wärme. Als sie genug hat und müde wird, tapert sie aufgewärmt in ihre Heia zurück, kuschelt sich an ihre Geschwister und kühlt im Schlaf gar nicht erst aus.

Streiten und vertragen

EINSTIEGSIMPULSE:
Wie sehr habt ihr euch bei eurem letzten Streit aufgeregt? Vergleicht eure Aufregung mit dem Streitanlass – passt eins zum anderen? Und wie war das bei eurem Streit-Partner?

NACHBEREITUNGSFRAGEN:
1. Mario und Yann können im Nachhinein von außen auf ihren alten Streit blicken. Wie sehen sie sich im Film? Wie denken sie darüber? Worum ging es beim Streit eigentlich nur?
2. Sind Mario und Yann trotz des Streits Freunde geblieben?

36. Worum ging es eigentlich nur?

Matt studiert bereits und schreibt gern. Er hat kürzlich an einem Kindergeschichten-Wettbewerb teilgenommen und findet schade, dass er nicht gewonnen hat, wie er gerade abschließend im Jury-Brief erfährt.

„Lies deine Geschichte doch mal vor!", wünscht sich sein kleiner Bruder, auch um ihn ein wenig zu trösten. So beginnt Matt zu lesen:

Die Freunde Mario und Yann sehen sich im Display der Kamera einen Film an, den sie kürzlich bei ihrem Streit gedreht haben. Beide ahnten während des Streits nicht, dass die Kamera, die einer von beiden auch jetzt in den Händen hält, angeschaltet war. Gerade erst hat Marios Mutter den Streifen entdeckt und ihn den Freunden gezeigt.
Abwechselnd taucht in der Aufnahme immer ein ärgerliches Gesicht der beiden Jungen auf.
Mit wutverzerrter Miene grölt Mario gerade: „Du gibst mir jetzt sofort meine Kamera! Ich will die Vögel aufnehmen …"
Dann taucht die rasende Stimme von Yann im Hintergrund auf: „Immer du, alles deins, deins, deins!"
Nun schimpft Mario wieder empört: „Halt die Kamera nicht auf mich, das kann ich nicht leiden, auch wenn sie nicht aufnimmt, Dumpfbacke!"
Kurz darauf ist Yann im Bild zu sehen, mit sich überschlagender Stimme: „Aber du, du darfst alles, man richtet keine ausgezogene Kamera auf angezogene Menschen! Gib mir jetzt sofort die Kamera wieder, aber sofort! Wenn du weiter so an ihr herumzerrst, geht deine Kamera noch kaputt, du Hampel …"
Derart geht es noch ein wenig hin und her.
Befremdet gucken die Jungen mit dem Film von außen auf sich selbst.
Ungewollt verfällt Mario plötzlich in lautes Lachen: „Wie du im Film aussiehst, nein, wie komisch …"

„Und du, und du, zum Verrücktlachen", Yanns Anfall drückt ihm auf die Blase. „Ich muss mal, ich muss mal …"
Eilig und vorsichtig zugleich hetzt er auf die Toilette.
Der Film ist zu Ende.
Mario lacht sich weiter scheckig und spricht mit sich selbst: „Das ist alles? Worum ging es eigentlich nur in unserem Streit? … Und dafür die ganze Aufregung, der Stress, sich ein paar Tage lang nicht verabreden …?"
Als Yann überströmt von Lachtränen wieder zur Tür hereinkommt, meint er: „Was du für eine alberne Grimasse geschnitten hast in deinem Ärger, die tiefen Zornesfalten, der zuckende Mund …"
„Und du erstmal …", legt Mario die Kamera beiseite und will Yann mit einer Stoffschlange das Fürchten lehren.
„Na warte!", rächt sich Yann an Mario und eröffnet eine turbulente Kissenschlacht, bei der sie beinahe so angriffslustig aussehen wie im Film-Streit, diesmal nur gepaart mit tiefen Lachfalten.

Nachdem Matt seine Geschichte dem kleinen Bruder fertig vorgelesen hat, sagt er zu sich selbst: „Na ja, ich habe die Erzählung schon etwas unwirklich geschrieben, so zufällig entsteht wohl nie ein solcher Film."
Sein kleiner Bruder meint: „Macht nichts! Ich glaube, ich habe deine Geschichte schon irgendwie verstanden", und er zieht daraufhin komische Streit-Grimassen.
„Dann habe ich sie nur für dich geschrieben", lächelt Matt und steckt die losen Seiten in eine Schublade. Der kleine Bruder läuft nun ins Badezimmer und probiert vergnügt wutverzerrte Mienen vor dem Spiegel aus, die er bis ins Groteske steigert.

 # Streiten und vertragen

EINSTIEGSIMPULSE:
1. Streit passiert. Oft hilft ein Streitschlichtungs-Programm an Schulen oder anderen Einrichtungen. Was ist das?
2. Streitschlichtung nach dem Motto: Wie helfen wir uns selbst? Habt ihr Ideen dazu?

NACHBEREITUNGSFRAGEN:
1. Melina und Per wollen sich gegenseitig verstehen und ernst nehmen. Daher soll einer dem anderen besser zuhören. Klappt das?
2. Fantasiert, was *Boboh* ist? Malt oder bastelt sie, ihn oder es.

37. Hör mir doch einfach mal richtig zu!

Durch den Streit richtig in Fahrt gekommen, schimpft Per mit Melina: „Hör mir doch einfach mal richtig zu!"
Doch Melina dreht den Spieß bloß um: „Nein, du kannst mir zuhören!"
„Nein, du!"
„Nein, du!"
„So geht das nicht."
„Mhm, so kommen wir nicht weiter."
„Ich hab's!"
„Na?"
„Erst hörst du mir zu und dann ich dir."
„Nein, erst hörst du mir zu und dann ich dir."
„Dickschädel!"

„Nein, du!"
„Du brauchst mir bloß zuhören."
„Was willst du mir denn jetzt sagen?"
„… Vergessen! … Und du?"
„… Dann weiß ich es eben auch nicht mehr."
„Na gut."
„… Willst du übrigens auch *Boboh*?"

Streiten und vertragen

EINSTIEGSIMPULSE:
1. Ein Streit unter Freunden hält an. Selber regeln – aber wie? Diskutiert.
2. Was haltet ihr von einer Aussprache nach einem Streit?

NACHBEREITUNGSFRAGEN:
1. Aylin und Jessica haben Streit miteinander und wollen ihn selber klären. Wie machen sie das?
2. Wie gehen sie nach ihrer Aussprache miteinander um?

38. Wir nehmen unseren Streit selbst in die Hand

Auf dem Spielplatz sucht Aylin Augenkontakt zu ihrer Freundin Jessica, doch diese weicht ihr aus. Schließlich setzt sich Aylin zu Jessica auf die gerade neben ihr frei gewordene Schaukel und nimmt ein bisschen Schwung.

Daraufhin lässt sich Jessica auspendeln und will aufstehen, als Aylin der Kragen platzt: „Jetzt reichts mir aber: In der Schule haben wir gelernt, unseren Streit selbst in die Hand zu nehmen! Nun denn, warum tust du mir weh? Bei unseren letzten vier Verabredungen hast du immer kurz vorher abgesagt, aus irgendeinem Grund, den ich dir nicht geglaubt habe. Und jetzt sprichst du noch nicht mal mehr mit mir. Denkst du, ich finde das lustig? Was ist los?"

Jessica ist hin- und hergerissen. Einerseits möchte sie von Aylin weggehen, andererseits schlägt ihr der anhaltende Streit auch längst selbst auf den Magen. Grimmig dreinschauend beginnt Jessica zu erklären: „Du willst es wissen? Wie du meinst. Mich hat geärgert, dass du dich in letzter Zeit ganz oft mit deiner neuen Freundin Viola aus der Musikschule getroffen hast. Viola hier, Viola dort … ging es immerzu. Seitdem du den Klavier-Unterricht bekommst, hattest du dagegen kaum noch Zeit für mich. Ich wollte es dir heimzahlen und bin nur noch auf die paar wenigen möglichen Verabredungen eingegangen, um schließlich abzusagen. Nur weil ich kein Instrument lerne, bin ich wohl nicht mehr interessant für dich. Oder was nervt dich sonst an mir, dass du dich so rar machst und dich lieber mit Viola triffst?"

Aylin schaut mürrisch drein: „Klar bist du mir eigentlich noch wichtig. Aber mich hat an dir gestört, dass du oft schlecht über Viola geredet hast. Dabei kennst du sie gar nicht, nur von meinen Erzählungen. Da wollte ich dich dann nicht mehr so oft sehen. Viola finde ich eben sehr nett. Wir sind in einer Musikgruppe und üben zu Hause manchmal zweihändig am Klavier. Danach spielen wir dann gern noch etwas anderes."

Jessica bohrt weiter: „Du hast jetzt so oder so viel weniger Zeit für mich als vorher."

Aylin hält sich gut fest, lässt sich ein wenig mit der Schaukel nach hinten fallen und sieht in den Himmel: „Das tut mir leid, ja das stimmt. Dafür kann ich aber nichts. Klavierspielen bringt mir nun mal richtig Spaß. Übrigens, du kannst doch auch mit anderen Freunden Zeit verbringen. Das macht mir nichts aus."

„Will ich aber gar nicht", sagt Jessica knapp.

„Das ist dein Problem", findet Aylin und nimmt mehr Schwung auf. „Aber wir können uns ja öfters nach dem Klavierüben zu dritt verabreden, zusammen mit Viola. Sie hat bestimmt nichts dagegen. Lern sie einfach kennen und vielleicht magst du sie auch."

„Meinst du?", grübelt Jessica.

„Warum denn nicht?", hält es Aylin für das Normalste der Welt.

Jessica schaukelt hoch hinaus, höher als Aylin: „Ich überlege es mir."

Streiten und vertragen

EINSTIEGSIMPULSE:
1. Wer verursacht einen Streit: eine oder auch mehrere Personen?
2. Ist es in Ordnung, wenn man sich im Streit anschreit?

NACHBEREITUNGSFRAGEN:
1. Warum besucht Torge Benjamin? Was ist vorgefallen?
2. Torge regt an, zukünftig etwas an ihrem Verhalten zu ändern, um Streit zu vermeiden, denn beide sind an ihrem Streit beteiligt. Was verspricht er Benjamin? Was will er an sich ändern im Umgang miteinander?
3. Was verspricht Benjamin Torge? Was will er an sich ändern im Umgang miteinander?

39. Was wollen wir ändern?

Torge tritt verlegen in Benjamins Zimmer ein: „Hier wohnst du also. Nicht übel."
„Und, was willst du nun von mir? Wieder Stunk?", fragt Benjamin skeptisch.
Torge regt sich gleich mächtig über Benjamin auf, obwohl er eigentlich mit friedlichen Absichten zu Besuch gekommen ist, und brüllt: „Was heißt *wieder Stunk*? Hä, was heißt das?"
„Schrei nicht so, ich kann dich auch in Zimmerlautstärke hören!", brüllt Benjamin zurück. „Mehr hast du mir nicht zu sagen? Nach deinem zweiten Foul beim letzten Fuß-

ballspiel laufe ich mit Arm-Schiene herum und kann damit noch nicht mal in der Schule schreiben, weil du auch noch den rechten getroffen hast …"

„Hey, tut mir leid", besinnt sich Torge, „deswegen komme ich eigentlich. Das wollte ich nicht. Schon gar nicht wollte ich dich verletzen, Mann. Es hat mich einfach überkommen und ich war stinksauer auf dich. Ich kenne Philipp aus deiner Mannschaft gut, wir waren zusammen in der Kita und er hat mir mal nach einem Turnier erzählt, dass du mich für einen *Schwächling* hältst, für eine *Niete* … und meinst, ich hätte eine *große Klappe und nichts dahinter* … Das bringt mich auf die Palme, echt. Hast du das wirklich über mich gesagt?"

Benjamin starrt auf den Boden: „Komm setz dich! Mist, das wusste ich nicht, dass du Philipp kennst und er es weitererzählt. Das ist vielleicht auch nicht die feine Art von mir gewesen. Sorry! Eigentlich halte ich dich auch gar nicht für eine Flasche. In dieser Art sprechen auch viele in meiner Mannschaft übereinander, manchmal sogar miteinander. Irgendwie finde ich das total bekloppt."

„Und trotzdem machst du mit", wundert sich Torge. „Bei uns in der Gruppe gehen wir besser miteinander um, als Team."

„Nur, dass du mich foulst … und wie! Aber ich gehöre eben auch nicht zu deinem Team", kommentiert Benjamin.

„Okay, okay", knetet Torge sein Bein, „du hast Recht, ich bin auch kein Unschuldslamm. Richtig, wir haben uns gegenseitig wehgetan. Wir haben diesen Mist mit deinem Arm beide mitverursacht. Trotzdem sollten wir wieder versuchen fair miteinander umzugehen."

„Hey, das klingt ganz nach deinem Trainer, hat der dir das auf den Weg zu mir mitgegeben …?", will Benjamin wissen.

„Ja, mein Trainer und meine Eltern, die haben sich auch über mein heftiges Foul erschrocken, mich zur Rede gestellt und dann Kontakt zu deinen Eltern gesucht", bekennt Torge Farbe. „Nun, was wollen wir zukünftig bei uns ändern? Es wird nicht das letzte Spiel gegeneinander sein. Gut, ich verspreche dir, dass ich dich nicht mehr foulen werde. Es sei denn, es ist ein Versehen … Also, das ändere ich … und was änderst du?"

Benjamin wundert sich über Torge: „Na, du bist ja einer, das hast du aber schön auswendig gelernt. Okay, dann gebe ich dir mein Ehrenwort, dass ich nicht mehr über dich ablästere, dich nicht mehr kleinmache … Eigentlich bist du auch ein toller Spieler …"

Ihm ins Wort fallend meint Torge: „Quatsch, ich weiß selber, dass ich nur mittelprächtig bin. Aber deswegen kann ich doch aus Spaß Fußball spielen, oder?"

„Na logo kannst du das", blickt Benjamin auf das Plakat von den Profi-Spielern an der Wand, die er bewundert. „Und ich weiß noch nicht mal, ob ich nicht bald eine andere Sportart ausprobiere. Ich finde meine Mannschaft auch zu ruppig."

Torge überlegt: „Dann komm doch in meine Mannschaft, lass dich von deinen Eltern zum Training einfach einen Ort weiter bringen, die paar Meter bloß."

„Ne, das ist es nicht, ich weiß nicht, mal sehen", windet sich Benjamin und probiert sich unter dem Arm-Verband, der die Schiene hält, zu kratzen. „Also, wollen wir draußen noch Fußball spielen?"

„Mit deinem Arm?", horcht Torge auf.

„Nein, mit den Beinen, Mann!", ist Benjamin genervt.
„Bäng, bäng, bäng, du Spinner!", rutscht Torge heraus.
Benjamin ist ungehalten: „Siehst du, jetzt beleidigst du mich, und ich soll es nicht mehr bei dir tun."
Hilflos rudert Torge mit den Armen: „Du musst dich doch nicht über jeden Krümelkram aufregen."
„Krümelkram?", streckt Benjamin seine Zunge so weit wie möglich heraus und versucht auf die Spitze zu gucken. Dann macht er seinen Verkleidungskoffer auf: „Kannst du mir bitte mal helfen mit dem Trikot?"

Streiten und vertragen

EINSTIEGSIMPULSE:

1. Welche Erfahrungen habt ihr mit Streit gemacht? Eher positive oder eher negative?
2. Streit, Fairness und Frieden: Passt das alles zusammen? Können beide Parteien aus einem Streit als Gewinner hervorgehen?

NACHBEREITUNGSFRAGEN:

1. Was hat der Kobold *das Spaß* mit den Streitregeln angestellt? Übersetzt den Inhalt des Regeltextes nun in sein Gegenteil. Macht kurze, verständliche Regeln daraus.
2. Gestaltet ein eigenes Streitregel-Plakat für eure Klasse. Welche Regeln braucht ihr, damit Streit bei euch fair und friedvoll ablaufen kann? (Unterscheidet: wenn Gewalt im Spiel ist, braucht ihr Hilfe von Vertrauenspersonen, je nach Fall eventuell auch von der Polizei etc.: wenn Streitende nicht miteinander sprechen, kann ein Moderator helfen.)
3. Guckt *das Spaß* den Kindern zu? Malt den Kobold.

40. In unserer Klasse hängen jetzt bald Streitregeln

Das *Spaß* ist ein kleiner Kobold, der in der Kuh-Klasse nachts sein Unwesen treibt. Die Kinder wissen, dass sie die Ehre haben, von dem *Spaß* aufgesucht zu werden, denn sie haben den seltenen und menschenscheuen Kobold anhand seiner Fußspuren per Lexika und Internetrecherche identifizieren können. Ihre Lehrerin Frau Turm duldet den eigenwilligen Gast, denn sie setzt sich privat für Artenschutz von vom Aussterben bedrohten Tieren und Wesen ein. Jeden Morgen erfreuen sich die Schüler an neuen Streichen, die ihnen *das Spaß* von einem Tag auf den anderen gespielt hat.

Heute geht es im Unterricht wiederholt um das Thema Streitregeln. Diese sollen später noch gemeinsam auf ein hübsches selbst entworfenes Plakat geschrieben und an die Klassenwand gehängt werden.

Zu Beginn der ersten Stunde bittet Frau Turm Dana darum, die am Vortag besprochenen Streitregeln aus ihrem Hausaufgabenheft vorzutragen. Mit voller Überzeugung, dass sie ihre Übung, die Regeln schriftlich zusammenzufassen, gut gemacht hat, leiert Dana sie herunter, ohne wirklich bei der Sache zu sein. In Gedanken ist sie schon bei den bevorstehenden Ferien. Ihre Mitschüler sind beim Zuhören koboldstill:

„Also, hehm … Ich muss noch sagen, dass ich die Aufgabe mit meinem Papa zusammen gemacht habe. Hier sind die Streitregeln:

1. Reg dich ordentlich auf im Streit. Sei unfreundlich zu deinem Streitgegner und mecker an seiner Person herum. Gib dir keine Mühe deutlich zu sprechen.
2. Hör ihm bloß nicht zu, falls er wagt etwas aus seiner Sicht zu eurem Streit zu sagen. Gern kannst du ihm auch einfach ins Wort fallen.
3. Erzwing eine Streitlösung, fordere dazu von deinem Gegenüber, dass er in Zukunft etwas an sich ändern muss. Du selbst brauchst natürlich nichts an dir zu ändern, denn du machst keine Fehler, nur der andere.
4. Du allein fühlst dich vom anderen schlecht behandelt, der andere sich nicht von dir.
5. Sag dem anderen schreiend deine Meinung, er hat es nicht anders verdient.
6. Frieden muss man sich erkämpfen, dein kraftvoller Körpereinsatz ist dabei gefragt … Dein Ziel ist im Idealfall, dass du gewinnst und der andere verliert.
7. Wenn du schon gewonnen hast, teilst du am besten noch mal ordentlich aus, das ehrt dich und zeigt, wer der Boss ist.

„Interessant!", bricht Frau Turm als Erste das Schweigen. Ein Raunen und Gekicher geht durch die Reihen und Dana kapiert schlagartig, was sie wirklich soeben vorgelesen hat. Sie erschreckt sich darüber und bangt um ihre Note.
Doch Frau Turm meint vergnügt: „Du hast die Hausaufgaben vermutlich prima gemacht, Dana – und dein Vater natürlich auch … Mir scheint nur, hier war zwischenzeitlich ein kleiner Kobold am Werk und hat den Text völlig verändert. Kinder, was hat *das Spaß* mit Danas Text angestellt? Wer von euch kann diese Streitregeln rück-

übersetzen, in Danas eigentlichen Text? So können wir sie ganz und gar nicht benutzen und sie sollen doch heute noch unsere Wand schmücken …"

Gleich mehrere Kinder melden sich lächelnd: „Ich weiß es, Frau Turm, ich weiß, was *das Spaß* mit dem Text verzapft hat …" – „Ich auch, ich auch …" – „Nehmen Sie mich dran, och bitte, Frau Turm …"

Ob *das Spaß* dieses Spektakel in der Klasse wohl von irgendwo mitansieht und sich dabei friedlich schmunzelnd zurücklehnt?

Streiten und vertragen

EINSTIEGSIMPULSE:
1. Streitschlichtung aus dem Bauch heraus: *Krumme Wege sind auch eine Lösung* – wie kann das gemeint sein?
2. Denkt euch einen Streit aus und schlichtet ihn auf ungewöhnliche Weise: in einer Geschichte, im Rollenspiel oder auf andere Weise kreativ.

NACHBEREITUNGSFRAGEN:
1. Aili möchte sich nicht mit fremden Menschen streiten, die Müll in die Natur werfen, dennoch möchte sie aus dem Bauch heraus etwas dagegen tun. Was? Ist das eine vernünftige Lösung? Kann das etwas bringen? Was?
2. Malt einen Comic zu der Geschichte.

41. Das regle ich auf meine Art

„Heute ist ein wundervoller Tag", freut sich Aili, denn sie ist für nachmittags eingeladen, mit Sörens Familie an den Fluss zu fahren.
Ihre Eltern sind zu dieser Zeit noch bei der Arbeit.
Schon die Fahrt mit den Rädern zum Fluss ist eine Wohltat. Sie durchqueren ein altes Dorf mit Fachwerkhäusern und Reetdächern.
Am Ziel fühlen sich die Kinder wohl und kein Windhauch kann ihre Stimmung trüben. Die Erwachsenen haben es sich mittlerweile auf einer Decke bequem gemacht.
„Wenn ich Jugendlicher bin, will ich einen Angelschein machen", schwärmt Sören, während er an einer kleinen Bucht steht und einen langen Stock mit einem Band an dessen Spitze über das Wasser hält.
„Tiere mag ich nicht essen", räumt Aili ein.
„Ich schon", holt Sören die falsche Angel ein und wirft sie erneut aus.
„Dann geh ich mal Beeren sammeln in der Zwischenzeit", spielt Aili, als wäre sie jetzt in der Zeit der Sammler und Jäger.
„Och guck nur, wie süß, ein Enten-Paar, das sich ausruht", zeigt Aili auf einen Punkt im Schilf, das die Bucht säumt. „Aber was ist denn das? Da liegt lauter Müll herum … Sieh nur, hier haben Leute sogar ihren ganzen Abfall von einem Grillfest zurückgelassen. Überall sind Tüten, Plastik, Alufolie und anderer Unrat, so weit das Auge reicht …"
In Aili steigt ein Groll auf und auch Sören lässt das nicht kalt: „Was ist, wenn das Plastik ins Wasser gelangt, kleingerieben wird und es die Fische fressen? Entweder ster-

ben die Fische daran oder wir Menschen werden krank, wenn wir Fische mit Plastikteilen darin essen. Ist das fies!"
Aili stimmt in Sörens Empörung ein: „Ja, Plastik ist nicht abbaubar. Dann können auch die Enten das Zeug fressen und überhaupt, die ganze Natur leidet darunter …"
„Was können wir nur tun?", fragt sich Sören, wirft seine Angel hin und rollt sich mit Wucht über den Sand.
Das bringt Aili auf eine Idee: „Wir können uns bei Umweltschützern beschweren."
„Gerade die beschweren sich selbst schon darüber", weiß Sören.
Aili versucht, trotz ihrer zunehmenden Wut im Bauch, klar zu denken: „Wenn das so ist, dann sammeln wir jetzt den Müll um uns herum ein und fotografieren ihn anschließend. Das Foto und einen Brief dazu schicken wir an unsere Zeitung im Ort. Im Brief steht, dass die Leute, die den Abfall in den letzten Jahren in die Natur geschmissen haben, ihren Müll von uns und von überall, wo sie ihn hinterlassen haben, wieder abholen, ihn entsorgen und sich bei den Menschen, Pflanzen und Tieren dafür entschuldigen sollen. So, damit geben wir es ihnen!"
Sören findet die Idee nicht schlecht, gibt aber mit ungutem Gefühl zu bedenken: „Meinst du, die machen das alle? Außerdem weiß keiner mehr, wo sein Müll jetzt ist: Die Tüten fliegen davon, die Plastikbecher zerfetzen und der Fluss trägt die Dosen weg …"
Aili holt Stoffbeutel von Sörens Eltern, wirft einen zu Sören und fängt an, den Müll aufzulesen: „Das ist mir doch egal, du bist einfach nur negativ, ich mache das jetzt so. Jeder kleine Protest bringt etwas! Schließlich haben wir Kinder auch eine Meinung! Außerdem sollen meine Kin-

der ebenso wie wir noch draußen spielen können und zwar nicht auf einer Müllkippe."

Sören jammert seinem falschen Angelspaß für diesen Nachmittag zwar ein wenig hinterher, gibt sich dann aber einen Ruck, beginnt damit Müll in die Tasche zu stopfen und daran sogar Vergnügen zu finden.

Zwischendurch fragt er seine Eltern: „Habt ihr eigentlich eine Kamera dabei?"

Streiten und vertragen

EINSTIEGSIMPULSE:
1. Stellt euch vor, jemand sagt zu euch: *Du kannst nichts!* Was kann das mit euch machen? Glaubt ihr bei näherer Betrachtung daran?
2. Beschreibt, was euch innerlich Kraft gibt? Was könnt ihr alles? Was sind eure Stärken?

NACHBEREITUNGSFRAGEN:
1. Womit verletzt Lena Dimitrij? Wem gilt ihr Ärger eigentlich? Warum? Wie geht die Geschichte aus?
2. Schreibt und spielt eine kurze Szene: Jemand fängt einen Streit mit einer zweiten Person an, obwohl sein Ärger eigentlich einer dritten Person (oder Sache) gilt … Redet anschließend in der Klasse darüber.

42. Meine Wut gilt nicht dir

Jetzt kommt der spannende Moment, an dem Lena und Dimitrij ihren selbstgefertigten Pfeil und Bogen ausprobieren.

„Hui, wie der fliegt", staunt Lena ihrem Pfeil hinterher.

„Och", macht Dimitrij, weil seiner bloß eine kurze krumme Linie beschreibt.

„Du hast halt zwei linke Hände. Du kannst nichts", bemerkt Lena abfällig und geht ihren Pfeil suchen.

Das schmerzt Dimitrij. Geknickt bleibt er stehen und fängt an über sich nachzudenken. Jäh blitzen hier und da seine ganzen Schwächen und Fehler der letzten Zeit auf.

Als Lena wieder neben ihm steht, fühlt sich Dimitrij sehr klein: „Du sagst es, eigentlich dachte ich schon oft, dass etwas nicht stimmt mit mir. Vieles läuft schief. Was kann ich schon groß?"

Nun holt er seinen Pfeil, der kurz vor ihm in einer Pfütze gelandet ist.

Nachdem er ihn erneut eingespannt und angehoben hat, lässt er ihn wieder sinken und fragt unsicher: „Findest du wirklich, dass ich nichts kann?"

In sich gekehrt rupft Lena hektisch Fusseln von ihrem Woll-Pulli ab.

Schließlich gibt sie zur Antwort: „Bestimmt nicht. Weißt du, meine Wut gilt nicht dir …"

„Wem denn?", hakt Dimitrij erleichtert nach.

„Na Holger, der hat mir nämlich gestern beim Detektivspielen gesagt, dass ich nichts kann. Das hat mich richtig fuchsig gemacht. Das stimmt gar nicht. Überhaupt nicht."

„Natürlich nicht", sagt Dimitrij entschieden, froh darüber, dass Lena doch etwas von ihm hält.

„Ist gut jetzt?", fragt Lena.
„Ist gut jetzt", antwortet Dimitrij und spannt seinen Bogen.

 **Streiten und vertragen**

EINSTIEGSIMPULSE:
1. Findet ihr gut, wenn in einer Kinder-Gruppe einer stets der Chef ist?
2. Sammelt Ideen für eine Gruppe, in der jeder gleichberechtigt ist.

NACHBEREITUNGSFRAGEN:
1. Beschreibt, wo die Kinder spielen können. Freuen sie sich darüber?
2. Welche Kinder fühlen sich in der Gruppe als Chef? Die anderen Kinder rütteln daran. Wer ist dann der Chef?

43. Der Chef, das sind wir alle

In einem fensterlosen Großstadt-Hinterhof, der ein wenig einem Schacht gleicht, stellen sich Keira, Larissa, Bent und Heikko dem neuen Nachbarsjungen Ibrahim näher vor. Anschließend meint Larissa: „Wir haben Glück, unser Vermieter hat uns schon immer angeboten hier zu spielen. Er ist voll kinderlieb."
Heikko fügt hinzu: „Hier hört man auch kaum noch den Verkehr der vierspurigen Straße vor dem Haus."

„Cooler Treffpunkt", findet Ibrahim und schaut sich im Hof um.
Bent wird ungeduldig: „Alles hört auf mein Kommando! Jetzt spielen wir Schulweg in Afrika, durch die Pampa, vorbei an Löwen und Affen!"
Unbeeindruckt sagt Ibrahim: „In meiner alten Straße, wo ich vorher gewohnt habe, war ich der Boss. Also, Afrika ist akzeptiert, aber statt durch die Pampa müssen wir dort durch einen Fluss mit vielen Krokodilen waten! Los geht's!"
Bent verzieht grimmig die Miene und stülpt seine Lippen vor: „Ich sagte, wir spielen den Weg durch die Pampa, klar?! Als Neuer hast du hier schon gar nichts zu sagen."
Die Lage checkend findet Ibrahim: „Einverstanden, als Neuer bin ich für ein paar Tage nur zweiter Chef. Danach bin ich wieder der Boss. Die Ziegel und die Holzreste in der Ecke dort schichten wir wie Krokodile auf und da müssen wir Schulkinder vorbei. Alle mit anpacken!"
Wütend tritt Bent gegen eine poröse Blechtonne, sodass sie noch verbeulter aussieht: „Für einen Neuen hast du eine ziemlich große Klappe ..."
Mit lange schon angestauter und sich nun entladender Wut unterbricht Keira die beiden: „Mir reicht es jetzt! Ich brauche keinen Chef mehr, keinen alten und keinen neuen. Ab jetzt gilt: Der Chef, das sind wir alle! Ich spiele lieber ein Kind auf dem stundenlangen Schulweg durch die Steppe, vorbei an einer Wasserstelle und über die Berge; da will ich Löwen, Krokodilen und Nashörnern begegnen, vielleicht auch Elefanten. Das finde ich wohl so aufregend, dass ich viel zu spät zur Schule komme. Und wen spielt ihr?"

Auch Heikko wagt zaghaft, gegen die Möchtegern-Chefs aufzumucken: „Dann bin ich das Krokodil … oder … oder das Nashorn …"

Bent wehrt sich gegen den Rollenwechsel und will seine Position zementieren: „Nanu, was geht denn hier ab? Das ist nicht euer Ernst, oder? Wer seid ihr schon, dass ihr macht, was ihr wollt? Ihr habt noch nicht mal ein Handy wie ich …"

Larissa stellt sich neben Keira und Heikko: „Hast du gar nicht, Ex-Chef, hast du grad erst in der Schule erzählt, dass du dir ein Handy zum Geburtstag wünschst, aber keins kriegst, bätsch!"

Bei diesem Stichwort trumpft Ibrahim auf: „Ey, ich habe schon mein zweites Handy, das erste habe ich verschenkt, das ist nämlich schon wieder out."

„Wen interessiert das, neuer Nachbar? Hat euch beide vielleicht irgendjemand gefragt, ob ihr die Chefs sein wollt?", möchte Heikko wissen.

Die beiden selbsternannten Chefs Bent und Ibrahim schauen sich an.

Bent erwidert: „Ich war hier immer der Boss bei euch. Das ist einfach so, ob es euch passt oder nicht."

„Jetzt passt es mir aber nicht mehr", stellt sich Larissa als Tiger auf. Keira stakst als Giraffe durch den Innenhof und tut, als ob sie von einem Baumwipfel Blätter abreißt.

„Grrr!", knurrt Larissa.

„Fletsch!", klappt Heikko sein Armkrokodilsmaul auf.

Vom Spiel angelockt, gibt Ibrahim einen mutigen Jungen, der auf der Hut ist vor den wilden Tieren und sich hinter dem Baum versteckt, den Keira eingeführt hat. Keira wechselt ihre Rolle und gesellt sich jetzt als ebenso mutiges Mädchen neben Ibrahim. Beide wollen abwarten, bis sich die gefährliche Lage um sie herum entspannt hat, und dann weiter in Richtung Schule marschieren. Sie wagen nicht, sich zu rühren, aus Angst von den Tieren entdeckt zu werden.

„Ich gebe den Wildjäger im Jeep", plant Bent, „Peng, peng, peng …"

Bockig kommentieren die anderen Kinder Bents Vorhaben: „Och nö!" … „Wie brutal" … „Dann können wir gleich aufhören Afrika zu spielen."

Ibrahim zieht die Lippen nach innen und die Augenbrauen zusammen: „Jetzt lasst uns weitermachen und sehen was passiert. Schließlich sind wir doch alle die Chefs, oder?"

Daraufhin poltert Bent in Richtung Ausgangstor: „Jetzt hörst du auch noch auf die anderen, du falscher Zweit-Chef, du! Ich gehe lieber auf die Straße, ihr seid mir zu dumm!"

„Geh doch!", meint Keira schnippisch.

Bent zögert noch am Tor. Dann fasst er mit der rechten Hand an seine Nase und führt den linken Arm durch den Kreis, den sein rechter Arm und Gesicht bilden, und streckt und bewegt ihn, als ob er ein Elefantenrüssel wäre. Mit der linken Hand, also mit dem Rüssel, rupft er gemächlich einen Stängel von einem kargen Gestrüpp ab und stopft ihn ins Maul. Schnell nimmt er die Arme wieder herunter und bleibt unentschlossen zwischen Hofausgang und den Kindern stehen.

Streiten und vertragen

EINSTIEGSIMPULSE:
1. Fair streiten? Macht Vorschläge dazu.
2. In einem Streit geht jemand nach eurem Gefühl zu weit und überschreitet damit eure Grenze. Wie zeigt oder sagt ihr ihm: „Halt!"?

NACHBEREITUNGSFRAGEN:
1. Warum gibt die Lehrerin den Streitenden den Tipp, sich gegenseitig eine positive Rückmeldung zu geben?
2. Trotz des andauernden Streits stärken sich Carolin und Patric gegenseitig den Rücken und sprechen dabei von sich aus. Wie? Was folgt daraus?
3. Was macht, dass ihr euch selbstsicher fühlt?

44. Ich finde klasse, dass du für andere da bist!

Nachdem es in letzter Zeit in der Wolf-Klasse sehr viel Streit zwischen mehreren Kindern gegeben hat, haben alle mit ihrer Klassenlehrerin lange überlegt, wie sie fair miteinander streiten können. Dazu haben sie sich ausgedacht, „Halt!" oder „Nein!" zu sagen, wenn einer aus ihrer Sicht in einem Streit zu weit geht und Grenzen überschreitet. Hierbei halten die Kinder dem anderen die offene Hand hin und drücken damit zusätzlich körperlich aus: „Schluss jetzt!"

Die Streitigkeiten in der Klasse haben sich seitdem verringert, außer bei Carolin und Patric.
Im Klassenzimmer meint Frau Verkehrsampel wenig hoffnungsvoll bei einem erneuten Krach zwischen den beiden: „Andauernd bekommt ihr euch in die Wolle! Äußert euch doch einmal positiv über den anderen. Wollt ihr es nicht wenigstens versuchen?"
Carolin guckt Patric gar nicht an und meckert: „Ach der, der nervt mich einfach total!"
Patric giftet zurück: „Du alte Ziege, mit dir kann man es einfach nicht aushalten!"
Anschließend hält Carolin Patric ihre Hand wie eine rote Karte hin: „Der hat mich beleidigt!"
„Von wegen, du hast mich beleidigt!", schimpft Patric ebenso mit erhobener *Schluss-jetzt-Hand*.
Mehr für sich sagt die Lehrerin Frau Verkehrsampel: „Ich gebe es auf!", und an die Klasse gerichtet: „Wir gehen heute früher in die Pause. Na, wenigstens scheint die Sonne."
Carolin kann die verlängerte Pause gar nicht richtig genießen, Unbehagen kommt in ihr auf.
Mit gemischten Gefühlen denkt sie: „Was soll an Patric schon toll sein?"
Ähnlich ergeht es derweil Patric.
Immerzu grübelt er im Kreis: „Carolin ist und bleibt lästig, wie eine Zecke."
Später, auf dem Nachhauseweg, findet Carolin eine flauschige, weiße Feder und streicht über sie. Dabei kommt ihr Patric in den Sinn, wie er lacht.
Noch später am Tag stochert Patric beim Abendbrot in seinem Kartoffelbrei herum. Bilder von dem letzten Schulausflug zum Zirkus kommen ihm in den Sinn, als Carolin

einem zerstreuten älteren Mann vor dem Zelt seine heruntergefallene Brille anreicht. Er selbst hat das Missgeschick zwar auch beobachtet, konnte aber gar nicht darauf reagieren.

In der Aula geht am nächsten Tag Patrics bester Freund auf Carolin zu und meint: „Ich soll dir von Patric sagen: Er findet klasse, dass du für andere da bist. Das ist ihm aufgefallen. Das wars … dann tschüss."

Als er sich abwenden will fragt Carolin: „Echt wahr?"

„Was denn sonst!", bekommt sie patzig zur Antwort.

Patric entdeckt zwei Tage danach einen Umschlag in seiner Jackentasche. Darin findet er eine flauschige, weiße Feder und einen winzigen Zettel, auf dem kaum leserlich gekritzelt steht: „Die gefällt mir wie dein breites Grinsen. Caro".

Viele, viele Jahre später, als Carolin studiert und Patric einen Fahrradladen aufmacht, treffen sie sich noch immer regelmäßig, denn sie sind schon lange richtig gute Freunde.

Streit zum Schmunzeln

EINSTIEGSIMPULSE:
1. Habt ihr einmal eine Rolle gespielt und in dieser Figur gestritten? Vergleicht dargestellten mit echtem Streit.
2. Mitfühlen als Zuschauer im Theater, Kino oder vor dem TV … Wie ist das?

NACHBEREITUNGSFRAGEN:
1. Was denkt ihr über die dargestellten Räuber und ihren Streit?
2. Wie erleben die Zuschauer den gespielten Räuber-Streit?

45. Unecht streiten

Hanna und Dominik streiten in ihrem gemeinsamen Kinderzimmer munter drauflos, in ihren Rollen als abgebrühte Räuber. Ihre Eltern und Freunde hocken als Zuschauer vor ihnen und sehen gebannt dem Schauspiel zu.

Hanna gibt den Oberhalunken Goldfunken und Dominik den Hauptganoven Haudrauf. Beide zerren wie rasend an einem Kissen, welches sie als Requisit für einen Goldbarren benutzen.

Goldfunken droht: „Du gibst mir jetzt sofort den Goldbarren, weil du beim Raubzug nur diesen einen aus dem Safe genommen hast, obwohl du alle einpacken solltest, Nichtsnutz! Nächstes Mal schiebst du Wache und ich falle über den Schatz her …"

Haudrauf zieht und schnaubt: „Ich habe auch alle Goldbarren in meine Gewalt genommen. Vielleicht hast du mir die anderen unterwegs mit einem plumpen Trick aus dem Sack geklaut, frecherweise noch während ich ihn geschleppt habe, du abgewrackter Lappen?"

„Diese Unterstellung", pöbelt Goldfunken, „aber zuzutrauen wäre es dir, dass du nicht merkst, wie der Sack auf deinem Rücken immer leichter wird, du Dummkopf! Ich sehe mir jetzt noch mal den Beutesack an. Wenn mir daran auch nur ein Krümelchen was Erstunkenes und Erlogenes auffällt, sowas wie ein doppelter Boden darin, ein Zauber, mit dem du mich auf den Leim führen willst, dann … dann …", kommt er vor Erregung nicht zu Ende und lässt den Kissen-Barren überraschend los, sodass Haudrauf mit einem Kracher zu Boden geht.

Im Publikum schreckt die kleine Marlene vom laut rumsenden Sturz auf. Die rohen Männer machen ihr Angst, obwohl doch ihre vertrauten großen Geschwister diese spielen. Mit ihrem Gesicht drückt sie sich jetzt lieber an die Schulter von ihrem Vater neben ihr, damit sie nichts sehen muss.

„Aha", stellt Goldfunke fest, „Idiotentest nicht bestanden, du hast einen Sack mit dickem Loch aus der Höhle zum Einbruchsort mitgenommen! Vielleicht sind die anderen Barren auf dem Rückweg herausgefallen und natürlich hast du davon nichts mitbekommen …"

„… und die Barren führen jetzt als Spur direkt zu unserer Höhle! Wir sind so gut wie im Kittchen", führt Haudrauf weiter aus und tritt Goldfunken aus Wut mächtig ins Gesäß, sodass ihm die Hose reißt.

„Lump, du wagst es, mich mit deinen grabbeligen Schlabberlatschen zu betatschen? Das wirst du mir büßen …", grollt Goldfunken.

Haudrauf fleht: „Tu es nicht, tu es nicht …"

Beunruhigt will Marlene mit gepresster Stimme von ihrem Vater wissen: „Sind die Räuber gleich wieder Freunde?"
„Gleich ist bestimmt alles wieder gut, Marlenchen!", tröstet sie ihr Vater und streichelt ihr über den Kopf.
Ein Junge aus dem Publikum mischt mit: „Los, macht euch gegenseitig fertig. Dann kriegen wir den Goldklumpen!"
„Quatsch", reagiert ein anderer Zuschauer-Junge darauf, „die Beute geht an die Polizei und dann zurück an das bitter bestohlene Opfer!"
„Mir kommen gleich die Tränen. Ich will aber kein Happy End!", sagt der erste Junge schnippisch.
Hanna steigt kurz aus ihrer Rolle aus: „Habt ihr es dahinten auf den billigen Plätzen jetzt mit dem Plappern?"
Auch Dominik wird zu Dominik und schimpft mit Hanna: „Du kannst doch nicht einfach das Spiel unterbrechen, du Knallkopf! Unsere Schluss-Szene fehlt noch. Es ist normal, dass die Zuschauer sich empören und mitfiebern."
Daraufhin gibt Hanna wieder als Oberhalunke Goldfunken dem Hauptganoven Haudrauf einen Klopper auf den Kopf und im gleichen Moment versetzt Haudrauf Goldfunken einen Stoß in die Magengegend, sodass beide im Spiel tot umfallen.
Genau in dem tragischen Moment hat Marlene mit einem Auge gelugt und bestürzt das Geschehen auf der Bühne beobachtet. Was sie nicht gesehen hat ist, dass sich die Akteure gar nicht in echt verletzen, sondern geschickt nur so tun. Aufgewühlt rennt Marlene zu den Darstellern auf die Bühne, genau in dem Moment, als die untote Hanna und der strotzlebendige Dominik aufstehen und sich von ihren Fans heiß beklatschen lassen.

„Ihr lebt, ihr lebt!", jubelt Marlene zwischen den Jung-Stars Hanna und Dominik auf der Matratzen-Bühne hin- und herlaufend und stiehlt ihnen damit ungewollt die Show.

Streit zum Schmunzeln

EINSTIEGSIMPULSE:
1. Findet ihr gut, wenn jemand über sich selbst lachen kann?
2. Was ist ein Missverständnis? Beispiel?

NACHBEREITUNGSFRAGEN:
1. Kate lacht über ein Missverständnis bei einem alten Streit. Erfährt Adrian zum Schluss von ihr, welches Missverständnis das war?
2. Habt ihr schon einmal: a) vor Lachen weinen müssen?, b) nicht aufhören können zu lachen?

46. Tränen lachen

Adrians Blick durchlöchert Kate: „Warum flennst und lachst du so?"

Kate bringt kein Wort hervor, nur ein paar hohe Töne direkt aus der Stirnhöhle.

„Jetzt sag halt schon!", wird Adrian ungeduldig.

Er ist begierig den Grund zu wissen, um endlich mitlachen zu können.

Zum wiederholten Male entlädt sich ein brüllender Lachschub bei Kate. Der macht, dass sich ihr großer, runder, weicher Bauch hoch- und runterschiebt und sie zu immer neuen Lachanfällen anregt, weil das kitzelt und sie an der Stelle besonders empfindlich ist.

„Gleich gehe ich, wenn du's nicht rausbringst", droht Adrian vorwurfsvoll und kichert schließlich ungewollt ein wenig mit, beherrscht sich aber wieder: „Ich finde das gar nicht witzig."

Sich selbst hypnotisierend beruhigt sich auch Kate und fängt mit wackeliger Stimme an zu erklären: „Also, ich muss immer daran denken, dass ich gestern einen Streit mit Bjarne hatte, weil … denn ich war wahnsinnig wütend auf ihn wegen … Heihohoha …", bleibt sie erneut stecken wie ein Luftkissenboot, das auf halber Strecke auf ein Riff läuft. Grölend vor Lachen fängt sie ihre Tränensturzbäche mit den Ärmelauffangbecken ein.

Adrian lässt einen kurzen spitzen Schrei los: „Die macht mich ganz wahnsinnig, die verrückte Knallbohne!"

Einen neuen Sprechversuch startend, bringt es Kate immerhin auf einen ganzen Buchstaben. „Ddddddd …", lachstottert sie.

„Lachst du etwa über mich?", fällt es Adrian wie Haare in den Pudding.

Weil es aber Adrian nicht gelingt böse dreinzuschauen, ist das für Kate erneut Anlass wieder loszuwiehern und für ihren Bauch loszukillern.

Sie gerät dabei in die Fänge von solch einem kräftigen Lachrhythmus, wie ein Bohrer im Mund des Patienten tanzt, den der Zahnarzt darin vergessen hat …

„Große Not, das ist nicht wahr", klatscht Adrian die Hände zusammen, „was kann denn nur so zum Piepen sein?"

„Das weiß ich eigentlich auch nicht", überlegt Kate und wundert sich schließlich darüber, dass sie gerade etwas sagen konnte.

Um die Schmerzen vom Lachkrampf zu lösen streicht sich Kate über ihren Bauch – so wie ihre Hausärztin es ihr neulich zum Austreiben von Verdauungsstörungen gezeigt hat – mit einer Hand wiederholt von oben nach unten wie über Serpentinen herunterfahrend, dabei immer dem Geschlängel von Dünn- und Dickdarm folgend. Die Massage zeigt ihre Wirkung und entkrampft.

„Und?", will es Adrian fast gar nicht mehr wissen.

Kate spricht ermattet: „Eben musste ich wie gesagt an meinen gestrigen Streit mit Bjarne denken. Sauer war ich, weil ich dachte, dass er gesagt hat, dass ich hmhmhm … Nach dem Streit stellte sich aber heraus, dass er nur gemeint hatte, dass ich hemhemhem … Es war alles nur ein Missverständnis, verstehst du …?"

Jetzt ist es an Adrian, der aus vollem Hals lacht, bis ihm die Tränen kommen: „Du dachtest *hmhmhm* und er meinte in Wirklichkeit *hemhemhem* … das ist zu komisch! Nein, köstlich, den muss ich gleich weitererzählen" und dann zieht Adrian von dannen.

Kate guckt ihm noch mit offenem Mund hinterher …

Streit zum Schmunzeln

EINSTIEGSIMPULSE:
1. Man kann mit Worten oder mit dem Körper, mit Gesten und Mimik, sprechen, dazu kann man auch verbale oder nonverbale Kommunikation sagen. Nennt für beides Beispiele.
2. Im Streit wollen zwei Personen je ihre unterschiedlichen Interessen durchsetzen und dabei selbst auf nichts verzichten. Folgen? Alternative?

NACHBEREITUNGSFRAGEN:
1. Esel Wohlriechend und Esel Eigenduft haben unterschiedliche Bedürfnisse. Vergleicht.
2. Kommen sie miteinander klar? Warum?
3. Beschreibt, wann und wie die Esel körperlich *miteinander reden*.

47. Wenn Esel streiten ...

In die Jahre gekommen teilen sich neuerdings zwei Esel einen Stall als Altersruhesitz. Esel Wohlriechend stammt aus der Rasse Hochwohlgeboren und Esel Eigenduft aus dem Volk Einfachleben. Das Zusammensein ist für beide gewöhnungsbedürftig, weil sie sehr unterschiedliche Bedürfnisse und Lebenserfahrungen haben, welche sie mit sprachlichem und körperlichem Nachdruck in die Gemeinschaft einbringen:

Esel Wohlriechend zählt auf Hühnerisch und Hundisch Strohhalme, um zu zeigen wie gebildet er ist: „Pock, pock achtzehn, wau, wuff neunzehn ... siehst du nun ein, dass zu viele von deinen eigenduftenden Halmen von deiner Stallseite auf meine wohlriechende Seite geraten sind? Das verbitte ich mir!"

Damit befördert er die fremden Halme mit den Hinterhufen unverzagt auf Eigendufts Stallseite zurück.

Esel Eigenduft zeigt Zähne: „Tu nicht so ordentlich, Herr von Wohlriechend! Mir entgeht nicht, dass du manchen Mist auf deiner Seite machst, anstatt ihn – wie von mir vorgeschlagen – auf einem gemeinsamen Misthaufen im Vorstall abzulassen! Das stinkt mir und ist alles andere als fein!"

Damit spuckt er aus und zwar gezielt auf die Seite von Esel Wohlriechend. Wohlriechend wiederum eilt zu der beschmutzten Stelle und stößt sie per Hinterhufe an ihren Absender zurück.

„Striegel und schubber dir mal lieber dein struppiges Fell", wirft Eigenduft Wohlriechend ans Ohr, „wie du nur aussiehst, echt ungepflegt!"

Dann dreht Eigenduft im Freigehege vor der Stallung eine riskante Runde im Vollgalopp, indem er sich in den Kurven zu sehr in Schräglage begibt, störrisch abrupt die Richtung wechselt und einen gewagten Eseldoppelsalto hinlegt."

Kopfschüttelnd hat Wohlriechend ihm vom offenen Stallfenster aus zugesehen – und meint durchdringend in edelstem Kuhisch: „Muh, muuuuh, ich hätte doch gern einen ruhigeren Lebensabend und möchte mir das nicht von solch einem Draufgänger vermiesen lassen. Lieber Eigenduft, warum sollte ich mich übrigens zwischendurch selbst striegeln, wenn es doch hier und da mein Sonderspezial-Tierpfleger für mich erledigt, das wird schon reichen. Schließlich habe ich mein Leben lang bei wohlhabenden Leuten auf dem Hof gearbeitet, damit ich mich jetzt nicht mehr um solche Banalitäten kümmern muss. Was aber dich betrifft, möchte ich nicht wissen, in welchen Baracken du in deinem Leben als Stallknecht und Träger geschuftet hast, armes Gewürm!"

Damit erhebt Wohlriechend seinen Kopf im Fenster und zieht ihn zum Tiersprachenlernen wieder ganz in den Stall zurück.

„Von wegen Ruhe, wenn wir schon beim Thema sind", trabt Eigenduft krachend zurück in den Stall und schnaubt aus, „ich komme nachts gern auf 10 Stunden Schlaf. Weil du aber bloß 5 Stunden Schlaf brauchst, werde ich während meiner restlichen 5 Stunden Ruhezeit, in denen du jedoch wachst, immerzu durch deine selbstbemitleidenden Jammertöne geweckt, weil du einfach grob sozial unfähig bist!"

Esel Wohlriechend ignoriert Esel Eigenduft und schaut abwechselnd auf seine Vorderhufe und aus dem Stallfenster hinaus.

Eigenduft schnappt sich den größten Apfel aus dem Futtertrog, trägt ihn schräg galoppierend nach draußen ins Gehege und hustet heftig, weil er sich an einem Stück davon verschluckt hat.

Als Eigenduft Wohlriechends schadenfreudiges Grinsen im Stallfenster sieht, wirft er den Apfel mit dem Maul hoch und fängt ihn geschickt wieder auf. Nun grinst Eigenduft und Wohlriechend lässt sich dazu herab, ihm die Zunge herauszustrecken.

# Streit zum Schmunzeln

EINSTIEGSIMPULSE:
1. Wie fühlt ihr euch, wenn ihr schlechte Laune habt?
2. Was bedeutet ...?
   a) aus schlechter Laune heraus streiten
   b) Streiten um eine Lappalie
   c) um des Streites willen streiten
   d) Streit künstlich aufbauschen

NACHBEREITUNGSFRAGEN:
1. Warum hat Liz schlechte Laune? Kann Jennifer etwas dafür, dass Liz *erkältet* ist? Inwiefern ist sie *erkältet*? Warum sagt Liz zu Jennifer, es ginge ihr schlecht, es sei sehr ernst?
2. Gehen beide fair miteinander um? Was macht Liz mit Jennifer?

48. Nur heiße Luft

Liz hat bullig schlechte Laune. Sie steht im Garten und grollt, weil ihre Mutter ihr das Wasservergnügen im Planschbecken gestrichen hat, da sie leicht hüstelt.

Auf dem Gehweg, der am Garten vorbeiführt, fliegt ihr die überschwänglich fröhliche Jennifer entgegen, wie ein Segelschnellflugzeug mit ausgebreiteten Armen: „Halli hallo, Liz! Ist es nicht herrliches Wetter? Ach verratzt, jetzt habe ich doch glatt vergessen den von dir geliehenen Film anzusehen."

„Typisch", meint Liz, „du verschmähst, was mich am Herzen anrührt. Wie unzuverlässig du bist!"

„Hä?", meint Jennifer.
Liz pustet aus: „Ach, statt dass du mal fragst, wie es mir geht …"
„Und wie geht es dir?", fragt Jennifer.
Liz zieht die Wimpern hoch: „Darauf kommst du erst jetzt, wo ich dich darauf bringe! … Willst du es wirklich wissen? … Es geht mir schlecht!"
Jennifer antwortet: „Schlimm, ist es ernst?"
„Sehr ernst! Ich kann noch nicht mal baden gehen", leidet Liz.
Jennifer sagt: „Das tut weh, mein Beileid! Okay, dann besser dich … ähm … gute Besserung!"
Knurrend bellt Liz: „Das hätte dir auch gleich auffallen können, wie elend ich aussehe. Grumpf."
„Ja, jetzt sehe ich es auch …", nickt Jennifer.
Liz faucht: „Du findest, ich sehe elend aus? Danke für die Blumen! Zimtzicke!"
Jennifer greift in ihre Jackentasche, zieht einen Handspiegel heraus, schaut tief hinein, überlegt, ob an ihrem Abbild alles in Ordnung ist, findet jedoch Augen, Ohren, Mund und Nase am rechten Fleck vor.
Plötzlich fängt Jennifers Ebenbild an zu reden, es sagt: „Selber Zimtzicke, bääm!"

Streit zum Schmunzeln

EINSTIEGSIMPULSE:
1. Was versteht ihr unter einem Wichtigtuer?
2. Was bedeutet Kraft-Sprache?

NACHBEREITUNGSFRAGEN:
1. Die Geschichte könnte auch eine andere Überschrift haben: „Wichtigtuers leeres Geschwätz". Warum? Findet ihr weitere Überschriften?
2. Sind die Roboter Vorbilder für das Thema „Faires Streiten"?

49. Wenn bei Robotern die Fetzen fliegen

Die Roboter Schepper und Knaatsch warten im Vorhof der Roboter-Schönheitswettbewerb-Zentrale auf das Ergebnis. Demnächst soll es ausgerufen und der schönste Roboter gekrönt werden. Weitere Teilnehmer sitzen drinnen im Vorraum und zittern metallisch vor Aufregung.
Schepper steht seinem Erz-Rivalen Knaatsch gegenüber: „Nachdem ich die Konkurrenz begutachtet habe, ist mir eisenklar, dass ich der modernste Roboter weit und breit bin. Ich bestehe ganz und gar aus dem neuesten Material, man nennt es in der Fachsprache auch High-Tech-Material. Nicht schlecht, nicht?"
„Was du nicht sagst", erwidert Knaatsch, „aber die Lackfarbe, die meine metallische Haut überzieht, wurde extra für mich per Rakete ins All geschossen, um ihre Haltbarkeit zu prüfen. Und siehe da: Mein Lack hat größter Hitze

und Kälte standgehalten! Nun, und aus ebensolchem Zeug bin ich gemacht!"

„Von wegen haltbar!", macht sich Schepper über Knaatsch lustig, „ich bin komplett geprüft und habe das beste und neuste Gütesiegel bekommen, was man als Roboter heutzutage weltweit erreichen kann. Ich bin in Roboter-Zeitschriften d a s Vorzeigemodell!"

Knaatsch tippt mehrfach klappernd mit dem Fuß auf und prahlt: „Ich bin zwar einige Monate länger auf der Welt als du – vorausgesetzt du hast dich beim Schönheitswettbewerb nicht für jünger verkauft als du in Wirklichkeit bist – aber mein immer noch strahlend junges Alter hat den Vorteil, dass schon bewiesen ist, dass ich als Roboter fehlerfrei ablaufe. Was nützt es dir dagegen, lieber werter Kollege Schepper, wenn du zwar ganz neu und High Tech bist, aber einen Fehler nach dem anderen machst ... Das habe ich schon zur Genüge der Jury gesteckt und vertraue darauf, dass dieses für mich sprechende Kriterium in die Beurteilung miteinfließt."

Als ein Jury-Mitglied kurz zu ihnen in den Vorhof kommt, um ihnen das Ergebnis mitzuteilen, schwärmt es ihnen von dem Gewinner vor, der unter den Robotern im Vorraum sitzt: „Sie beide, meine Roboter Knaatsch und Schepper, haben zwar mit relativ neuer Technik gepunktet, dennoch ist unser Favorit ein Roboter sondergleichen. Er kommt aus den guten alten Zeiten und gewinnt als gutes altes Ding: schlichtes Modell, wenig Inhalt, nicht viel Ablenkung drum herum, mit anderen Worten eine geniale Mischung, die einfach und solide ist und vor allem funktioniert! Schönheit pur von innen und außen! Es tut mir leid, die Herren Roboter ..."

Als das Jury-Mitglied sich wieder zurückziehen möchte, bedrängt ihn Schepper: „Aber schauen Sie bei mir doch noch mal genau hin, denn sooo neu bin ich auch nicht mehr. Diese Schraube zum Beispiel ist vom Recyclinghof, ihr Gewinde ist abgenutzt und ewig fällt sie raus; mein Kern besteht nicht aus Edelmetall, sondern aus Blech – alles nach dem Motto: einfach und gut!"

Nun drängt sich Knaatsch dazwischen: „Ich hatte vorhin nicht genug Redezeit ... tja, bei Wettbewerben fehlt immer hinten und vorn die Zeit, was kann ich dafür ... hinzufügen wollte ich noch: Das mit der Weltraum-Lackfarbe bei mir ist bloß immer eine fixe Idee gewesen, doch war dieses Projekt schließlich viel zu teuer für meine Erbauer. Sie sehen, hier, an dieser Stelle platzt die Farbe bereits etwas ab, weil der Lack allzu einfach hergestellt wurde, ein allzu natürlicher Prozess also. Wo gibt es denn auch ewig haltbare Lackfarbe? Ha, ha, ha, ha. Lassen Sie mich bitte noch mal ein Wort mit der gesamten Jury reden, es ist von äußerster Wichtigkeit, weil ich von äußerster Wichtigkeit bin, sozusagen eine verkappte Schönheit auf den zweiten Blick ..."

Das Jury-Mitglied bewegt sich rückwärts heraus: „Meine Herren, ich darf mich empfehlen, Sie sind nicht die einzigen Teilnehmer! Es hat mich gefreut, dass Sie sich am Wettbewerb beteiligt haben. Auf Wiederklappern!"

Nun regen sich die beiden frisch gekürten Verlierer mächtig übereinander auf und geraten immens aneinander, sodass es hart den Vorhof hochhallt, die Fenster der Anwohner aufgehen und es laut krachend Münzen, Töpfe oder Kellen auf die Roboter regnet, damit sie sich verziehen mögen ... Doch das prallt wirkungslos an den Blechmännern ab.

Knaatsch lässt Dampf heraus, bis sein Rost abstaubt und er unter einer orange-braunen Pulverglocke verschwindet: „Du Blechschaden, du!"
Schepper zieht nach: „Du bist die reinste Zeitverschwendung!"
Vor Erhitzung knallen Knaatsch seine eigenen Bleche um die Ohren: „Du bist Scheiße!"
Bei Schepper brennt eine Leitung durch, dass sie ein kleines Feuerwerk an seiner Hand auslöst und anschließend ein Riss im Unterarm klafft: „Während du ein Abfallprodukt bist, bin ich Maßanfertigung, du chiploses Kleinhirn!"
Knaatsch kontert: „Du siehst so verkommen aus, du Billig-Mineralöl-Konservierungsstoff-Schlürfer, würg! Das erklärt deine vielen Blechfalten."
Scheppernd meint Schepper: „Du krimineller Bodenschatzräuber und rotziger Umweltverpester, du wirst sowieso schon gesucht!"
„Du, du riesiger Blechschleimeiterpickel!"
„Du hääässliches Klapper-Gerüst!"

Streit zum Schmunzeln

EINSTIEGSIMPULSE:
1. Was ist das Selbstwertgefühl? Jemand hat mehr oder weniger Selbstwertgefühl – was meint das? Kann das schwanken?
2. Echte Freunde und falsche Freunde? Was versucht man damit jeweils auszudrücken? Nennt Beispiele. Kann man sogenannte echte Freunde und falsche Freunde immer einfach in diese zwei Gruppen einteilen? Warum?

NACHBEREITUNGSFRAGEN:
1. Beschreibt:
   a) das blaue Strichmännchen
   b) das rote Strichmännchen
   c) Was machen die Männlein mit Leo? Wofür stehen sie?
2. Leos Selbstwertgefühl ändert sich im Laufe der Geschichte. Wie? Wie fühlt er sich zum Schluss? Was wünscht ihr Leo für sein Leben?
3. Welche Werte sind für euch in eurem Leben wichtig? Was bedeutet Freundschaft für euch?

50. Ich mag mich, pöh!

Leo hat zwei Strichmännchen gemalt, ein rotes und ein blaues. Nun geschieht es, dass sich beide vom Blatt ablösen und in seinen Mund wandern, das rote Männlein in die linke und das blaue in die rechte Backe. Beide wollen dabei mitreden, wie Leo über sich selbst denkt. Doch Leo macht das ganz konfus, denn jeder von ihnen hat ganz spezielle Wünsche für ihn parat. Das rote Männlein findet,

er ist ein prima Kerl, während das blaue davon überzeugt ist, dass es an seiner Person einiges auszusetzen gibt. Blau-Strich und Rot-Strich verschanzen sich hinter ihren jeweiligen Zahnreihen und geben lauthals einer dem anderen durch die Zahnzwischenräume ihre Meinungen kund, die bei Leo schmerzhaft laut von der Mundhöhle bis ins Ohr dringen.
Leo den Rücken stärkend trötet Strichmännchen Rot: „Du magst dich!"
Mit berechnender Schmeichelstimme kommt Strichmännchen Blau daher: „Komm, sei ehrlich, du bist nichts Besonderes. Aber das macht doch nichts. Nicht jeder kann ein Gewinner-Typ sein."
Rot lehnt sich auf die linken unteren Backenzähne, hält mit einer Hand die oberen hoch und sagt gerade heraus: „Was du alles kannst!"
Kurz lächelt Leo, bis die keifende Stimme von Blau bei ihm ankommt: „Glaub Rot nicht! Glaub ja nicht, dass du in irgendetwas richtig gut bist. Bleib auf dem Boden! Sonst täuschst du dich und kannst nur tief fallen! Mach dich lieber klein, du willst doch nicht eingebildet überkommen, oder? Ich meine es nur gut mit dir! Ich bin dein treuer Begleiter!"
Sich die Ohren zuhaltend denkt Leo: „Was macht ihr mit mir?"
Die Unsicherheit bei Leo spürend legt sich das Blau weiter ins Zeug und will ihn an dem Punkt auf seine Seite ziehen: „Gesteh dir ein, rein äußerlich hast du auch nicht viel zu bieten: Man übersieht dich auf der Straße und stößt mit dir zusammen. Ist dir schon aufgefallen: Du hast irgendwie komische Proportionen, es passt einfach kein Teil von dir mit dem anderen zusammen. Aber das macht

alles gar nichts, das ist völlig normal. Nicht jeder ist ein Supermodel."

Zufrieden legt sich das Blau auf die rechte untere Backenzahnreihe, ruht ein wenig aus und hält träge die Hand an die obere Reihe, damit ihm nichts geschieht, falls Leo doch wagt etwas dazu zu sagen.

Das Rot hüpft über seine Backenzahnreling auf die Zunge und springt dann heftig darauf herum, als wäre sie innen drin mit Metallfedern ausgestattet und schmeichelt Leo: „Du siehst knuffig aus! Ich mag dich so wie du bist. Komm, lass uns was Lustiges auf die Beine stellen …"

Leo wird es übel. Um nicht groß spucken zu müssen, speit er unbewusst das blaue Strichmännchen aus, das so bitter schmeckt, als ob er bei einem Fisch die Galle mitgegessen hätte. Das Blau ist beleidigt und zieht zerfurcht und giftend weiter, auf der Suche nach einer neuen Bleibe.

Weil sich Leo nach und nach blendend fühlt, lädt er das rote Strichmännlein ein, für immer bei ihm zu wohnen. Rot-Strich braucht gar nicht lange zu überlegen, richtet sich gemütlich bei Leo ein und turnt munter in ihm herum. Erleichtert flitzt Leo über eine Wiese und sprudelt dabei hervor: „Ich mag mich, pöh!"